Héroes de la II Guerra Mundial

Descubra historias extraordinarias de valor, sacrificio y coraje

Índice

Introducción

La Segunda Guerra Mundial supuso un cambio de paradigma que dio origen a muchas de las instituciones internacionales que rigen las relaciones mundiales en la actualidad. El genocidio de millones de judíos sigue siendo una de las atrocidades más horribles que el mundo ha conocido. Las escenas de los campos de concentración son auténticas pesadillas llenas de dolor y sufrimiento. El ejército nazi era una de las fuerzas tecnológicamente más avanzadas y disciplinadas que el mundo haya visto jamás. Derrotarlos a veces parecía imposible, pero los aliados salieron victoriosos gracias a su resistencia, determinación y agallas.

Cuando nos referimos a la Segunda Guerra Mundial, es fácil quedar atrapado en fechas, cronologías e ideologías. Sin embargo, la humanidad nunca debe pasar por alto las historias individuales de personas honorables que estuvieron sobre el terreno luchando por la libertad. Este libro relata sus historias de gloria, fracasos y sacrificios para ofrecer una imagen detallada de lo que ocurrió en la guerra y de cómo el régimen genocida nazi fue finalmente derrotado. La inacción ante la injusticia es un apoyo a la maldad, por lo que las personas con principios no tuvieron más remedio que hacer todo lo posible para poner fin a las atrocidades de la Alemania nazi, ya fuera empuñando las armas o encontrando otras formas de prestar apoyo.

El exitoso final de la Segunda Guerra Mundial fue sembrado por varias partes entrelazadas, incluidos generales, soldados rasos y jefes de Estado. La destreza intelectual y estratégica de los planificadores, unida al espíritu inquebrantable de los hombres que se enfrentaron en primera línea, determinó en última instancia cómo se estructuraría el mundo hasta nuestros días. Los cimientos de la nueva civilización construida tras la guerra se vertieron con la sangre de soldados que lucharon sin miedo por sus ideales a pesar de la gran incertidumbre. Las bombas no pudieron romper sus sueños, y los estruendosos disparos de las ametralladoras no pudieron silenciar sus gritos contra la opresión.

Nunca se insistirá lo suficiente en la importancia de la Segunda Guerra Mundial para la gobernanza mundial. Las acciones de un puñado de hombres y mujeres valientes transformaron la sociedad de un modo inimaginable antes del final de la guerra. Sus historias deben mantenerse vivas para facilitar la gratitud entre los pueblos modernos y garantizar que nunca se repitan los errores del pasado. La guerra es un asunto feo, pero forma parte recurrente de la existencia humana. Las conmovedoras historias de los héroes de la Segunda Guerra Mundial nos recuerdan que hay cosas, como la justicia y la libertad, por las que merece la pena luchar.

A menudo se habla de la Segunda Guerra Mundial como una lucha entre naciones, lo que le confiere una fachada grandiosa e irrepetible. Sin embargo, cuando se desmenuza hasta el nivel de los individuos que se unen y ponen sus vidas en juego por una causa mayor que ellos mismos, se obtiene un verdadero sentido de la gravedad del conflicto global. Al seguir los peligrosos pasos de las figuras clave de la guerra, se vislumbran las aterradoras condiciones que hicieron nacer el mayor potencial de la humanidad en situaciones desesperadas. Solo en contraste con el mal más oscuro pueden brillar las luces más brillantes en la eternidad de la memoria de la civilización.

Capítulo 1: Winston Churchill: El indomable líder británico

Winston Churchill, fiel representante del arte de gobernar del siglo XX, se unió a la política para convertirse en un símbolo perdurable de resistencia y liderazgo inquebrantable. Nació el 30 de noviembre de 1874 en el palacio de Blenheim. Su padre, Randolph Churchill, era miembro electo del Parlamento. Por parte paterna, Churchill pertenecía a la aristocracia como descendiente de John Churchill. Su abuelo, el duque de Marlborough, fue nombrado gobernador de Irlanda, lo que pone de manifiesto las profundas raíces de la familia en la política británica. Su polifacética carrera abarcó el ejército, la literatura y la política, dejando su huella en cada uno de ellos.

Winston Churchill, fiel representante del arte de gobernar del siglo XX, se unió a la política para convertirse en un símbolo perdurable de resistencia y liderazgo inquebrantable
https://commons.wikimedia.org/wiki/File:Winston-Churchill-by-John-Lavery-(1916).jpg

Las primeras hazañas militares de Churchill, incluido su servicio en la guerra de los bóeres y en la Primera Guerra Mundial, fueron la base de sus futuros objetivos. Sin embargo, su elocuencia grabaría su nombre en los libros de historia. Escritor y orador prolífico, los discursos de Churchill impulsaron el espíritu británico durante las crisis.

En el terreno político, la carrera de Churchill fue ilustre e impactante. Con su lucha política, escaló posiciones en el partido y fue primer lord del Almirantazgo antes de dimitir tras la desastrosa campaña de Galípoli durante la Primera Guerra Mundial. Otro acontecimiento político notable fue la advertencia que hizo Churchill sobre la Alemania nazi y sus planes de invadir Europa. Sus afirmaciones sobre la creciente amenaza fueron recibidas inicialmente con escepticismo, pero pronto, su predicción se hizo realidad cuando las fuerzas de Hitler arrasaron Europa.

Durante la Segunda Guerra Mundial, su liderazgo alcanzó nuevas cotas de reconocimiento. Como primer ministro de 1940 a 1945, guió a Gran Bretaña a través de los intensos años de conflicto con una firme determinación, lo que le valió la admiración de los aliados y el renuente respeto de los enemigos. Sus discursos, como el emblemático «*Lucharemos en las playas*», se convirtieron en los gritos de guerra de una nación que se enfrentaba a amenazas existenciales.

La carrera política de Churchill estuvo marcada por sus picos y valles, que culminaron en su segundo mandato como primer ministro en la década de 1950. Abogó por crear y mantener una relación especial con aliados como Estados Unidos. Utilizó su influencia política y su estatus para dar forma al orden mundial de posguerra.

Además de sus logros en la política y la guerra, Churchill fue Premio Nobel de Literatura. Sus escritos, incluida una historia en seis volúmenes de la Segunda Guerra Mundial, se cuentan entre sus contribuciones más conocidas a la literatura. Sir Winston Churchill, nombrado caballero en 1953, encarna la resistencia del espíritu humano y el poder del liderazgo para moldear el curso de la historia.

Nombramiento como primer ministro

El nombramiento de Winston Churchill como primer ministro en 1940 marcó un punto de inflexión crítico en la Segunda Guerra Mundial, cuando Gran Bretaña se enfrentaba a circunstancias bélicas extremas. Su liderazgo durante este periodo influyó profundamente en el curso de la guerra y lo consagró como una de las figuras más emblemáticas de la historia. Asumió el cargo el 10 de mayo de 1940, cuando la amenaza de la invasión nazi se cernía sobre el país, al tiempo que gran parte de Europa ya había caído en manos de las fuerzas alemanas. La situación era desesperada y la Fuerza Expedicionaria Británica estaba atrapada en Dunkerque. En su primer discurso ante la Cámara de los Comunes, Churchill declaró: «*No tengo nada que ofrecer salvo sangre, trabajo, lágrimas y sudor*», marcando el tono de las decisiones impactantes y la determinación inquebrantable que caracterizarían su liderazgo.

Aunque los compatriotas capaces de luchar se presentaban voluntariamente para alistarse en el ejército, Churchill, durante ese periodo, inspiró y movilizó al pueblo británico. Sus discursos, llenos de pasión y elocuencia, elevaron la moral y despertaron la determinación de luchar por uno mismo, por el pueblo y por la patria. El discurso «*Lucharemos en las playas*», pronunciado el 4 de junio de 1940, sigue siendo uno de sus discursos más emblemáticos, símbolo del espíritu de resistencia contra la embestida nazi. Su visión estratégica y sus dotes diplomáticas quedaron patentes en sus alianzas con los principales líderes aliados, en particular con el presidente estadounidense Franklin D. Roosevelt y el primer ministro soviético Joseph Stalin. Su colaboración con Roosevelt dio lugar a la Carta del Atlántico, una declaración de los objetivos de posguerra de los aliados y su compromiso de derrotar a las potencias del Eje.

Como primer ministro, el papel de Churchill en las decisiones militares determinó el resultado de la guerra. Participó activamente en la planificación estratégica y fue uno de los impulsores de operaciones clave, como la batalla de Inglaterra, que frustró los intentos de la *Luftwaffe* alemana de conseguir la superioridad aérea sobre Gran Bretaña. La insistencia de Churchill en la importancia del Mediterráneo condujo al éxito de la campaña del norte de África y a la derrota final de las fuerzas del Eje. Su agudeza estratégica influyó en la decisión de lanzar las invasiones de Sicilia e Italia, allanando el camino para el avance aliado en Europa.

Quizá el legado más perdurable de Churchill sea su inquebrantable compromiso con la victoria, expresado en sus famosas palabras: «*Nunca nos rendiremos*». Su liderazgo y determinación durante los días más oscuros de la guerra inspiraron al pueblo británico y a las fuerzas aliadas mientras se enfrentaban a retos formidables. Después de la guerra, su impacto se extendió al orden de posguerra. Fue vital en la creación de las Naciones Unidas, abogando por la cooperación internacional para prevenir futuros conflictos y promover la paz.

El papel fundamental de Winston Churchill durante la Segunda Guerra Mundial, desde su nombramiento como primer ministro en 1940 hasta la victoria final de los aliados, puso de manifiesto su excepcional liderazgo, su perspicacia estratégica y su inquebrantable determinación. Su legado como uno de los más grandes líderes de la guerra perdura, simbolizando el triunfo del valor y la determinación frente a la adversidad.

Esfuerzos de movilización

Los esfuerzos inmediatos de Winston Churchill por unir a la nación durante los primeros años de la Segunda Guerra Mundial se caracterizaron por una determinación resuelta y una capacidad de inspiración sin parangón. Cuando asumió el cargo de primer ministro en 1940, ante la inminente amenaza de invasión nazi, Churchill no perdió el tiempo y pronunció discursos que se convertirían en símbolos emblemáticos de la resistencia británica. Uno de los discursos más memorables se produjo el 4 de junio de 1940, tras la evacuación de las fuerzas británicas y aliadas de Dunkerque. En su discurso ante la Cámara de los Comunes, Churchill pronunció las conmovedoras palabras: «*Lucharemos en las playas, lucharemos en las zonas de desembarco, lucharemos en los campos y en las calles, lucharemos en las colinas; nunca nos rendiremos*». Esta declaración de inquebrantable determinación se convirtió en un grito de guerra que encapsulaba el espíritu de desafío que caracterizaba la postura británica contra la agresión nazi.

Otro discurso fundamental, pronunciado el 18 de junio de 1940, se conoce como «*Su hora más gloriosa*». En este discurso, Churchill reconoció la gravedad de la situación, pero reforzó la moral de la nación haciendo hincapié en la fuerza que podía extraerse de la adversidad. Declaró: «*Preparémonos, pues, para nuestros deberes, y aguantemos de tal modo que si el Imperio británico y su Mancomunidad duran mil años, los hombres seguirán diciendo: "Este fue su mejor momento"*». Estas palabras sirvieron como conmovedor recordatorio de que, incluso ante desafíos sin precedentes, el pueblo británico podía estar a la altura de las circunstancias.

«*Lucharemos en las playas*», y «*Su hora más gloriosa*» ponen de relieve el don de Churchill para la oratoria conmovedora y para infundir esperanza ante la adversidad. Estos discursos resonaron entre el público británico y trascendieron las fronteras nacionales, convirtiéndose en expresiones simbólicas de la resistencia aliada contra las potencias del Eje. Sus esfuerzos inmediatos por unir a la nación a través de estos icónicos discursos consolidaron su reputación como líder capaz de articular el espíritu colectivo de una nación en un momento crucial de la historia.

La Gran Alianza

El papel decisivo de Winston Churchill en la formación de la «Gran Alianza» con Estados Unidos y la Unión Soviética fue un golpe maestro que contribuyó significativamente a la victoria aliada en la Segunda Guerra Mundial. Reconociendo la importancia de un frente unido contra las potencias del Eje, trabajó incansablemente para construir y mantener alianzas estratégicas que remodelarían el curso de la guerra.

La relación de Churchill con el presidente estadounidense Franklin D. Roosevelt fue fundamental para la Gran Alianza. Su compenetración, forjada a través de una serie de correspondencia conocida como la «Carta del Atlántico», sentó las bases de una estrecha colaboración entre el Reino Unido y Estados Unidos. Esta alianza fue crucial para proporcionar los recursos necesarios, incluida la ayuda militar y el apoyo económico, para sostener el esfuerzo bélico. Al mismo tiempo, Churchill comprendió la imperiosa necesidad estratégica de alinearse con la Unión Soviética a pesar de las diferencias ideológicas. Sus reuniones con Joseph Stalin, en particular la Conferencia de Teherán de 1943, contribuyeron a consolidar el compromiso de los aliados con una estrategia militar coordinada. La unidad forjada entre los aliados occidentales y la Unión Soviética se convirtió en una pieza clave en la derrota final de la Alemania nazi.

La estrategia militar de Churchill fue fundamental a la hora de tomar decisiones durante batallas y campañas cruciales. La campaña del Norte de África, en la que las fuerzas británicas, bajo el mando del general Bernard Montgomery, derrotaron decisivamente a las fuerzas alemanas e italianas, puso de manifiesto la perspicacia estratégica de Churchill. Su insistencia en dar prioridad al teatro de operaciones del Mediterráneo y en apoyar la Operación Antorcha, la invasión aliada del norte de África, demostró una comprensión previsora de la naturaleza global del conflicto.

El desembarco del Día D, el 6 de junio de 1944, marcó otro hito en la guerra, y la influencia de Churchill fue evidente en la planificación y ejecución de esta ambiciosa operación. Con el nombre en clave de Operación Overlord, el desembarco de Normandía fue un esfuerzo conjunto en el que participaron fuerzas británicas, estadounidenses y canadienses. El apoyo de Churchill a la invasión fue inquebrantable, y su compromiso para garantizar su éxito fue sustancial en la liberación de Europa Occidental de la ocupación nazi.

A lo largo de estas campañas, las decisiones estratégicas de Churchill reflejaron una aguda comprensión del panorama geopolítico y un compromiso inquebrantable con la causa aliada. Su liderazgo e influencia en la Gran Alianza fueron esenciales para mantener la cohesión entre los aliados, así como maximizar su fuerza militar y económica colectiva. El papel decisivo de Winston Churchill en la formación y mantenimiento de la Gran Alianza con Estados Unidos y la Unión Soviética, además de sus decisiones estratégicas durante batallas y campañas críticas consolidaron su legado como estadista cuya visión y liderazgo contribuyeron significativamente a la victoria aliada en la Segunda Guerra Mundial.

La participación de Winston Churchill en conferencias clave en tiempos de guerra, como las de Teherán y Yalta, marcó momentos cruciales en los que se sentaron las bases de la geopolítica de posguerra. Además, sus esfuerzos por mantener la cohesión del Imperio británico durante este turbulento periodo pusieron de relieve su compromiso por preservar la influencia mundial de la Mancomunidad. La Conferencia de Teherán de 1943 reunió a los «tres grandes» líderes aliados: Churchill, Franklin D. Roosevelt y Joseph Stalin. Las dotes diplomáticas de Churchill se pusieron de manifiesto cuando los líderes discutieron la coordinación de los esfuerzos militares y la planificación de la posguerra. A pesar de sus diferencias ideológicas, la capacidad de Churchill para dialogar con Roosevelt y Stalin fue crucial para fomentar la unidad entre los aliados. La Conferencia de Yalta de 1945 puso aún más de manifiesto su papel en la configuración del orden de posguerra. Mientras los líderes aliados discutían la división de Alemania y el establecimiento de las Naciones Unidas, Churchill trató de garantizar la protección de los intereses y la influencia mundial de Gran Bretaña. Aunque marcada por las tensiones, la conferencia puso de relieve la determinación de Churchill de asegurar un futuro en el que pudieran prevalecer los principios democráticos.

Su compromiso de mantener la cohesión del Imperio británico durante la Segunda Guerra Mundial quedó patente en sus esfuerzos por reunir a las colonias y los dominios. Reconociendo la importancia de la Mancomunidad, trató de garantizar la participación activa de las colonias en el esfuerzo bélico. El Plan de Formación Aérea de la Comunidad Británica y las contribuciones de las fuerzas de la Mancomunidad en los principales teatros de la guerra subrayaron la visión de Churchill de un frente unido contra las potencias del Eje.

Conferencia de Teherán (1943)

La Conferencia de Teherán de 1943 marcó una coyuntura crítica en la Segunda Guerra Mundial, al reunir a los líderes de las potencias aliadas: Winston Churchill, Franklin D. Roosevelt y Joseph Stalin. La participación de Churchill en esta conferencia obedecía a un doble objetivo: conseguir el compromiso de Stalin de abrir un segundo frente en Europa Occidental y fomentar la unidad entre los aliados. La destreza diplomática de Churchill quedó patente en las negociaciones con Stalin. Manejó el delicado equilibrio entre las necesidades de los aliados occidentales y las consideraciones estratégicas del frente oriental. El resultado fue un acuerdo para el desembarco de Normandía en 1944, un paso esencial para derrotar a la Alemania nazi. Más allá de la estrategia militar, Churchill se esforzó por mantener la unidad entre los aliados, haciendo hincapié en su objetivo común a pesar de las diferencias ideológicas.

Mantener la cohesión del Imperio británico

Churchill reconoció la importancia de preservar la cohesión del Imperio británico durante toda la guerra. Sus esfuerzos fueron de gran alcance. Una iniciativa significativa fue el Plan de Formación Aérea de la Comunidad Británica, cuyo objetivo era reforzar los lazos dentro de la Mancomunidad. Al entrenar a tripulaciones aéreas de varios países de la Mancomunidad, Churchill fomentó la colaboración y reforzó la noción de una defensa colectiva. Las contribuciones de todo el imperio, incluidas las tropas de India, Canadá, Australia y Nueva Zelanda, fueron cruciales en distintas zonas de la guerra. Además, Churchill convocó las Conferencias del Imperio, que sirvieron de plataforma para que los líderes de la Mancomunidad debatieran la estrategia de guerra y la reconstrucción de posguerra. Estas reuniones fueron vitales para mantener la unidad dentro del imperio.

Conferencia de Yalta (1945)

La Conferencia de Yalta de 1945, a la que asistieron Churchill, Roosevelt y Stalin, se centró en cuestiones de posguerra a medida que el conflicto en Europa se acercaba a su fin. El papel de Churchill en esta conferencia estuvo marcado por los debates sobre la división de Alemania, la formación de las Naciones Unidas y el destino de Europa Oriental. Al abordar la división de Alemania, Churchill colaboró con los demás líderes para sentar las bases de la ocupación y administración del país tras la guerra. A pesar de las concesiones hechas a Stalin en Europa Oriental, Churchill trató de mantener los ideales democráticos y garantizar la autodeterminación de las naciones de la región. En la Conferencia de Yalta también se debatió la creación de las Naciones Unidas, y Churchill abogó por una organización internacional que previniera futuros conflictos y promoviera la cooperación mundial.

La participación de Winston Churchill en las Conferencias de Teherán y Yalta puso de relieve su visión estratégica y su astucia diplomática durante un periodo crucial de la historia mundial. Al mismo tiempo, su dedicación a mantener la unidad del Imperio británico puso de manifiesto su compromiso de preservar la influencia mundial y la cooperación de las naciones de la Mancomunidad en medio de los desafíos de la guerra. Estos esfuerzos diplomáticos consolidaron el legado de Churchill como estadista capaz de sortear las complejidades de las alianzas bélicas y de concebir un orden estable de posguerra.

Sin embargo, los retos de la posguerra supusieron una amenaza para el orden colonial tradicional. La visión de Churchill sobre el Imperio británico chocó con los vientos emergentes de descolonización y autodeterminación. A pesar de sus esfuerzos, el mundo de posguerra fue testigo del desmantelamiento gradual del imperio a medida que las antiguas colonias buscaban la independencia. Ejerció un papel lleno de matices al navegar por el complejo panorama de la geopolítica de posguerra y la gestión del imperio. Aunque su liderazgo en tiempos de guerra había sido decisivo, la dinámica cambiante de la escena política mundial presentaba retos que ni siquiera su habilidad como estadista pudo superar por completo.

La participación de Winston Churchill en conferencias clave en tiempos de guerra, como las de Teherán y Yalta, marcó coyunturas cruciales en la configuración de la geopolítica de posguerra. Sus esfuerzos por mantener la cohesión del Imperio británico durante este periodo pusieron de manifiesto su compromiso por preservar la influencia mundial de Gran Bretaña. Sin embargo, los vientos de cambio de la posguerra acabaron por transformar el imperio, poniendo de relieve la naturaleza compleja y evolutiva de la habilidad política de Churchill.

Pérdida de las elecciones de 1945

Este momento crucial para Churchill marcó su camino hacia los acontecimientos que se avecinaban. Aunque había acumulado un número considerable de seguidores y se había hecho con los buenos libros de varios homólogos, era necesario simplificar la demografía de la política.

Panorama político

El panorama político durante las elecciones generales de 1945 era complejo y dinámico. El gobierno de coalición en tiempos de guerra, dirigido por Winston Churchill, había sido una alianza única entre el Partido Conservador y el Partido Laborista. Este acuerdo puso de relieve la necesidad de unidad ante la amenaza existencial que suponían las potencias del Eje. Sin embargo, al concluir la guerra en Europa, el ambiente político se transformó. El Partido Laborista, bajo el liderazgo de Clement Attlee, se posicionó como el partido con una visión para la reconstrucción de posguerra, resonando con un público anhelante de cambio tras años de sacrificios durante los tiempos de guerra.

Sentimiento público

El público británico estaba ansioso por un nuevo comienzo, tras haber soportado años de conflicto, racionamiento y sacrificio. La fatiga de la guerra influyó en el sentimiento público. Había un deseo palpable de líderes que pudieran guiar a la nación a través de la transición de los retos de los tiempos de guerra a las oportunidades y promesas de los tiempos de paz. El cansancio del prolongado conflicto influyó en la receptividad del electorado a los mensajes de cambio y de un nuevo comienzo.

El legado de Churchill en tiempos de guerra

El liderazgo de Winston Churchill durante la guerra había sido extraordinario, y sus discursos eran emblemáticos de la determinación y el desafío británicos. Sin embargo, la gratitud por su liderazgo durante la guerra no se tradujo automáticamente en apoyo político al Partido Conservador en la posguerra. Aunque apreciaba el papel de Churchill durante la guerra, la nación contemplaba diferentes aptitudes y prioridades para los retos de la reconstrucción durante la posguerra.

La visión laborista de la Gran Bretaña de posguerra

El manifiesto del Partido Laborista en 1945 presentaba una visión global de la Gran Bretaña de posguerra. Esta visión incluía la creación del Servicio Nacional de Salud (NHS, por sus siglas en inglés) y el establecimiento de un Estado del bienestar. Las propuestas del Partido Laborista resonaron en un público deseoso de recuperación económica y de una sociedad más justa y equitativa. El partido se posicionó como el arquitecto de una Gran Bretaña nueva y progresista, que atendiera las necesidades sociales y económicas de la población.

Cambio demográfico

El periodo de posguerra fue testigo de cambios demográficos, con la llegada a la mayoría de edad de un electorado más joven y con mayor conciencia social. El deseo de justicia social e igualdad se hizo patente, desafiando los valores conservadores más tradicionales de Churchill y el Partido Conservador. La evolución de la sociedad exigía una respuesta de los líderes políticos acorde con las expectativas y la conciencia cambiantes del electorado.

Reajuste político

La campaña electoral del Partido Laborista en 1945 fue eficaz a la hora de presentarse como los abanderados de una Gran Bretaña nueva y progresista. Sus promesas de reforma social y políticas transformadoras resonaron entre los votantes que buscaban una nueva dirección. El realineamiento político reflejó un cambio más amplio en la política británica, en la que los laboristas se establecieron como un partido capaz de ganar elecciones y aplicar cambios políticos sustanciales.

Inicios de la Guerra Fría

La incipiente Guerra Fría añadió una capa de complejidad al panorama político. Mientras que Winston Churchill era apreciado por su papel en la alianza bélica, se consideraba que el Partido Laborista estaba mejor preparado para hacer frente a las tensiones internacionales. La dinámica cambiante de la escena mundial influyó en la percepción de qué partido podía gestionar eficazmente los retos del mundo de posguerra, contribuyendo al éxito electoral del Partido Laborista.

Retorno posterior al poder

La derrota electoral de Winston Churchill en 1945 no mermó su legado general. A pesar de la derrota, regresó al poder como primer ministro en 1951, lo que demostró el perdurable respeto de la nación por su habilidad como estadista y su liderazgo en tiempos de guerra. Los complejos factores que condujeron a su derrota electoral en 1945 pusieron de relieve la intrincada interacción de fuerzas históricas, políticas y sociales que dieron forma a este momento crítico de la historia británica.

Capítulo 2: Los hermanos de sangre de la Compañía Easy: La hermandad más allá de la batalla

La Compañía E es el 506º Regimiento de Infantería Paracaidista de la 101ª División Aerotransportada, conocida popularmente como la *Compañía Easy*. Estos paracaidistas saltaron directamente al peligro y fueron fundamentales en muchos momentos clave de la Segunda Guerra Mundial. Su historia ha quedado inmortalizada en la serie de HBO «Band of Brothers», basada en un libro escrito por Stephen E. Ambrose, fundador del Museo Nacional de la Segunda Guerra Mundial.

La Compañía Easy son súper soldados de la vida real a los que solo se podía ingresar si se era más duro que el granito

Los paracaidistas de alto vuelo, de élite y disciplinados de la Compañía E asumieron algunas de las funciones más peligrosas del conflicto mundial. Sus heroicas misiones, en las que obtuvieron victorias de la nada, incluso cuando estaban constantemente superados en armamento y personal, fueron milagrosas. No solo fueron los primeros hombres en asaltar Normandía para poder abrir las puertas a otras tropas que se dirigían hacia allí por mar, sino que también liberaron campos de concentración.

La Compañía Easy son súper soldados de la vida real a los que solo se podía ingresar si se era más duro que el granito. Esta división, en perfecto estado físico y con una gran dedicación, allanó el camino a los paracaidistas y utilizó las tácticas aerotransportadas en su beneficio. La naturaleza experimental de sus misiones provocó algunos fracasos, pero se abrieron camino hasta convertirse en uno de los colectivos más memorables de la guerra. Las excepcionales normas que adoptaron y su desenfrenado deseo de ganar son admirables y pueden aplicarse a muchas facetas de la vida cotidiana. Los «hermanos de sangre» encarna lo que significa seguir adelante incluso cuando todas las probabilidades están en tu contra. La legendaria Compañía Easy se erige como el más valiente de los valientes, emergiendo como un brillante ejemplo de tenacidad.

Salto del Día D en Normandía

El 6 de junio de 1944, las fuerzas aliadas colaboraron en una de las mayores invasiones de la historia. La Alemania nazi controlaba Francia y luchaba contra los soviéticos en el frente oriental. Los aliados se dieron cuenta de que las fuerzas alemanas estaban demasiado dispersas y no podían enviar refuerzos a las bases de playa de la costa de Francia. Los soldados británicos y canadienses tomaron las playas denominadas Gold, Juno y Sword, mientras que los estadounidenses capturaron Omaha y Utah. La mayor resistencia que encontraron las fuerzas aliadas fue en Omaha. A pesar de ello, tuvieron éxito. Las fuerzas aliadas perdieron unos 4.000 hombres de los 156.000 soldados. El éxito de la invasión permitió a los aliados establecer un puerto para enviar 326.000 soldados más, 50.000 vehículos militares y más de 100.000 toneladas de material muy necesario. El asalto a la playa de Normandía abrió una reacción en cadena que permitiría a los aliados introducirse en Europa a través de Francia, obteniendo finalmente la rendición incondicional de la Alemania nazi.

La Compañía Easy del 2º Batallón del 506º Regimiento de Infantería Paracaidista se unió a la 101ª División Aerotransportada para desempeñar un papel único en el asalto a Normandía. Los valientes soldados se lanzaron en paracaídas por detrás de las líneas enemigas, cerca de Utah Beach, en la península de Cotentin. Bloquearon calzadas clave para que la 4ª División de Infantería estadounidense pudiera avanzar libremente desde Utah Beach hacia el interior de Francia. Las «Águilas Aulladoras», apodadas así por la insignia del águila en sus uniformes, abrieron el camino para la invasión anfibia de Normandía. Fueron los primeros soldados que pisaron Francia en aquel histórico giro de la guerra.

La división saltó a lo desconocido, sufriendo muchas pérdidas por el camino. Los líderes se mostraron escépticos ante la unidad experimental, y el primer ministro británico Winston Churchill y el jefe aliado, el general Dwight Eisenhower, analizaron si la unidad podría tener éxito. Muchos generales de alto rango predijeron que los paracaidistas sufrirían un 80% de bajas. Sus temores se vieron ligeramente confirmados cuando, durante las demostraciones, un hombre perdió la vida y el 10% de la división fue hospitalizada. Durante el periodo de entrenamiento, las tropas tenían que completar cinco saltos en solitario antes de unirse a la división y recibir sus alas. Dado que la división estaba formada en su totalidad por voluntarios, recibir esta certificación se consideraba un importante honor.

El entrenamiento para ser un *Screaming Eagle* (Águila Aulladora) era intenso, y solo uno de cada tres aspirantes lo conseguía. Se los entrenaba para ser un ejército de un solo hombre, duro como una roca y capaz de abrirse paso a través de las fuerzas enemigas en solitario cuando aterrizaban y, más tarde, unidos a su equipo. El incentivo para alistarse en la 101ª División Aerotransportada era considerable, ya que recibían una prima de 50 dólares por saltar, que aumentaba a 100 dólares si se era un oficial. Algunos soldados bromeaban diciendo que, sin saberlo, aceptaban dinero manchado de sangre en bonificaciones cuando se alistaban.

Cuando llegó junio de 1934, los *Screaming Eagles* estaban en Inglaterra, conscientes de sus órdenes de saltar en paracaídas en Normandía y despejar el camino a las fuerzas marítimas que les seguirían. Se prepararon para el salto con una última comida ceremonial a base de chuletas de cerdo y pollo frito, que las tropas disfrutaron enormemente. Al subir al avión, la realidad de su tarea golpeó a cada soldado, que inclinó la cabeza para rezar en silencio su oración de protección y guía. La preocupación de Eisenhower se hizo patente hasta el último momento, cuando llegó para despedir a los hombres. En una emotiva muestra de genuina empatía, no pronunció un discurso de concentración, sino que se acercó a cada soldado y le deseó suerte. Mientras los aviones despegaban, saludó en silencio a los valientes hombres, muchos de los cuales morirían durante su misión. Mientras sobrevolaban las 6.000 embarcaciones que se acercaban a las playas de Normandía, frente a las costas de Inglaterra, la gravedad de su papel les golpeó como una tonelada de ladrillos.

El general Maxwell D. Taylor prometió a los hombres que solo tenían que luchar con todas sus fuerzas durante tres días seguidos y conseguirían su liberación. Sin embargo, no pudo cumplir su promesa porque finalmente completaron su misión alrededor de un mes después. El desastre sobrevino en cuanto entraron en el espacio aéreo francés ocupado por los alemanes. Las armas antiaéreas destrozaron sus aviones. El intenso fuego obligó a los pilotos a abandonar sus órdenes y romper la formación. En lugar de saltar a 700 pies a 100 millas por hora, tuvieron que hacerlo a 300 pies a 200 millas por hora. A esa alta velocidad, los vientos desgarraron sus paracaídas, lo que los obligó a aterrizar con un armamento mínimo para luchar contra los muy armados nazis. Algunas tropas aterrizaron en el agua y se ahogaron, mientras que otras, por desgracia, cayeron justo en el regazo del enemigo y murieron en cuanto sus pies tocaron el suelo.

En la primera misión de la división, aplicaron su extenuante entrenamiento para realizar el trabajo en circunstancias adversas. Su caótica dispersión jugó irónicamente a su favor porque los alemanes no podían identificar una línea de frente clara. Los *Screaming Eagles* estaban explícitamente entrenadas para condiciones de guerrilla y para luchar en pequeñas unidades. Además, el desembarco en lugares aleatorios permitió a muchas tropas reunir valiosa información de inteligencia. Las unidades improvisadas abrumaron al ejército alemán, que no estaba preparado para este estilo de combate disperso. La 101ª División Aerotransportada tenía algunos trucos bajo la manga. Utilizaban un juguete infantil llamado «grillo» para identificarse unos a otros. Un soldado chasqueaba el juguete una vez y obtenía como respuesta dos chasquidos. Este código fácil de recordar resultó muy valioso en el fragor de la batalla. Su gran preparación los hizo imparables frente a una desconcertada fuerza alemana en las playas de Normandía.

Operación Market Garden

Tras la invasión de Normandía en junio de 1944, las fuerzas aliadas se embarcaron en su operación más extensa durante la Segunda Guerra Mundial. La Compañía E se unió a la Operación Market Garden. Su misión consistía en lanzarse en paracaídas en los Países Bajos y tomar los puentes estratégicos de los ríos Waal, Bajo Rin y Mosa, que controlaban los alemanes. El objetivo de la misión aerotransportada era que los paracaidistas entraran en los puentes y los mantuvieran hasta que llegaran las fuerzas terrestres. Si el plan se ejecutaba con éxito, era probable que las fuerzas aliadas salieran victoriosas para la Navidad de ese mismo año. Sin embargo, la operación resultó en uno de los mayores fracasos de las fuerzas aliadas.

Aunque al principio tuvieron éxito, algunos factores jugaron en contra de los paracaidistas. En primer lugar, la mayoría de los hombres aterrizaron donde habían planeado con precisión, lo que permitió a los alemanes evaluar los objetivos estratégicos de la compañía en función de su ubicación. En segundo lugar, como solo podían llevar armamento ligero, los paracaidistas subestimaron el tiempo que podrían mantener los puentes hasta que llegaran sus hombres de infantería. En tercer lugar, los aviones aliados no eran lo suficientemente grandes como para transportar el número de tropas necesarias para la operación, por lo que los soltaban a intervalos, lo que permitía a los alemanes predecir dónde iban a aterrizar y eliminaba el elemento sorpresa. Por último, el tiempo para planificar una operación tan elaborada simplemente no era suficiente para alcanzar sus elevados objetivos. El general Walter Bedell Smith advirtió a Montgomery de la considerable presencia alemana en los Países Bajos, pero este hizo caso omiso de las advertencias y prosiguió obstinadamente con su defectuoso plan.

La Operación Market Garden fue idea del mariscal de campo, sir Bernard Law Montgomery. Los aliados, hasta ese momento, habían utilizado un enfoque amplio para alcanzar la frontera alemana. Sin embargo, Montgomery temía que su lento avance requiriera suministros constantes, y estaban permitiendo a los alemanes mejorar sus defensas. Montgomery propuso al general Eisenhower que optaran por un enfoque más directo para llegar al frente alemán mucho más rápido y gastando menos recursos.

La Operación Market Garden se desviaría del amplio enfoque para acabar rápidamente con la guerra, optando por un estrecho avance a través de los Países Bajos para evitar las defensas de la línea Sigfrido alemana. Los paracaidistas de la compañía Easy debían caer en Holanda para asegurar los puentes sobre el canal en Eindhoven, Nimega y Arnhem. Una vez asegurados estos puentes, el XXX Cuerpo británico tendría vía libre hacia el Ruhr, el centro industrial de la maquinaria bélica alemana.

El plan se desbarató cuando la 82ª División Aerotransportada estadounidense se enfrentó a los alemanes en el puente de Nimeg. El XXX Cuerpo británico prestó apoyo y, tras una larga y tediosa batalla, acabó ganando el puente para cruzar el río Waal. En Arnhem, hubo una resistencia masiva que las Fuerzas Aliadas no pudieron romper. Cruzar el río Waal fue inútil porque no estaban en condiciones de luchar contra las bien equipadas fuerzas alemanas tras la batalla de Nimega. Tuvieron que retirarse de la región y abandonar el funesto plan. Esta fue la última victoria que los nazis tendrían contra los aliados.

Defensa de Bastogne

La batalla de las Ardenas fue la última gran ofensiva alemana contra las fuerzas aliadas. El ataque fue un intento desesperado de separar a las fuerzas estadounidenses y británicas. Esto anularía la necesidad de una retirada incondicional y daría a los alemanes poder de negociación con cada bando mientras seguían luchando contra los soviéticos en el frente oriental. La batalla de las Ardenas, como se la llamó más tarde, duró unas seis semanas tras comenzar el 16 de diciembre de 1944. Un ejército alemán de 200.000 hombres y 1.000 carros de combate se acercó a los estadounidenses en el bosque de las Ardenas. La escasa visibilidad causada por el mal tiempo impidió que las Fuerzas Aéreas Aliadas pudieran ayudarles. Muchas unidades se vieron obligadas a rendirse el primer día del ataque, mientras que otras tomaron una posición defensiva en Bastogne.

Las fuerzas nazis no sabían de qué pasta estaba hecha la Compañía Easy. Aunque la compañía estaba rodeada, no estaba dispuesta a rendirse. Con las municiones agotándose rápidamente y casi sin víveres, la Compañía Easy siguió luchando valientemente contra los alemanes. Además de sus menguantes suministros, sufrieron un frío glacial. Sin embargo, a pesar de su extrema fatiga, resistieron a los alemanes durante siete amargos días.

Los alemanes no sabían lo cerca que estaban de derrotar a la 101ª División Aerotransportada. Los *Screaming Eagles* fijaron su posición defensiva alrededor de la zona de Bastogne porque suponían que estaban rodeados de alemanes. Sin embargo, no podían estar seguros debido a las condiciones de baja visibilidad. Las fuerzas nazis los atacaron en ráfagas cortas con unidades más pequeñas, un estilo de combate que favorecía las habilidades de los *Screaming Eagles*. Si los alemanes los hubieran atacado con la totalidad de sus fuerzas a la vez, lo más probable es que la 101ª hubiera perdido. Por lo tanto, el error de cálculo de los alemanes y un terrible plan dieron la victoria a la 101ª División.

Los alemanes se estaban quedando sin combustible y eran incapaces de atravesar el denso bosque con la rapidez suficiente para facilitar el bombardeo constante necesario para la victoria. Además, el barro afectaba a la movilidad de sus tanques. Dado que el tiempo y la disponibilidad de suministros tampoco favorecían a los nazis, los *Screaming Eagles* los contuvieron mientras sufrían numerosas bajas. Finalmente, el Tercer Ejército se puso en contacto con la 101ª División y la relevó de sus funciones. Una vez que el tiempo mejoró, pudieron conseguir más suministros y los soldados heridos fueron atendidos.

Como la 101ª División ya no estaba rodeada, pudo expandirse y reconquistar los pueblos que se había visto obligada a abandonar durante el asedio inicial. El Tercer Ejército afirmó que había salvado a la 101ª División de la destrucción total. Pero si se preguntaba a uno de los aguerridos miembros de la unidad, nunca se conseguiría que admitiera tal cosa. Los implacables *Screaming Eagles* se defendieron valientemente de un último esfuerzo de los alemanes por ganar ventaja en el frente occidental. Después de este ataque, el castillo de naipes de Hitler cayó rápidamente. Los alemanes perderían todas las batallas contra los aliados que siguieron al asedio de las Ardenas, lo que conduciría a la victoria final de los aliados y al fin de la guerra.

Liberación de los campos de concentración

Uno de los terrores más horribles y brutales del régimen nazi fueron los campos de concentración. Al pensar en campos de concentración, la gente suele imaginarse la industrialización de la muerte, con millones de judíos gasificados. Había campos en los que se torturaba y mataba de hambre a la gente mientras los científicos nazis realizaban experimentos deshumanizadores con ellos. La tortura y la muerte que tuvieron lugar en los campos de concentración es la razón por la que el Holocausto se recuerda como la mayor atrocidad que jamás haya sufrido un grupo de personas.

La Compañía Easy recordó por qué luchaba cuando la 101ª División y la 12ª División Blindada descubrieron el campo de concentración de Kaufering, en Landsberg, en abril de 1945. Ambas unidades se encontraron primero con Kaufering IV, uno de los once campos que componían el complejo. Antes de que llegaran, las SS hicieron marchar a los prisioneros hacia la muerte y quemaron los barracones. El campo podía albergar a 3.600 prisioneros en condiciones horrendas. Cuando llegaron las unidades, muchos de los habitantes habían muerto y otros estaban demasiado débiles para moverse. Los soldados ordenaron a los lugareños que se aseguraran de enterrar a los muertos.

La 82ª División Aerotransportada liberó el campo de Wöbbelin aproximadamente un mes después en la ciudad de Ludwigslust. Este campo plagado de enfermedades era aún mayor que el descubierto en Kaufering, con unos 5.000 prisioneros desnutridos. 1.000 prisioneros fueron enterrados con la estrella de David colocada en las tumbas de los fallecidos judíos y una cruz en las de los cristianos. La escasez de alimentos y agua en el campo hizo que los cautivos recurrieran al canibalismo. Estos campos traumatizaron a la Compañía Easy, pero reavivaron su impulso de poner fin a la guerra.

Posguerra y legado

The Eagle will always scream for our fallen brothers

Name	Service #	Date
John T. Julian	34806849	01/45
Warren H. Muck	12131169	01/45
Alex M. Penkala	35549002	01/45
Carl C. Sawosko	16100548	01/45
John E. Shindell	35530711	01/45
Harold D. Webb	35880340	01/45
Kenneth J. Webb	32383307	01/45
Harold G. Hayes	34892610	12/44
Donald B. Hoobler	20508303	01/45
Francis J. Mellett	20229437	01/45
A.P. Herron	33657700	01/45
Patrick H. Neill	12238576	01/45
Richard J. Hughes	42104549	01/45
Eugene E. Jackson	13011296	12/44

Los nombres de muchos individuos de la Compañía Easy se perderán para siempre en los archivos de la historia

https://commons.wikimedia.org/wiki/File:Easy_company_foy03.jpg

Los nombres de muchos individuos de la Compañía Easy se perderán para siempre en los archivos de la historia. La sangre que derramaron es todo el honor que recibirán por sus heroicos esfuerzos. El legado de la Compañía Easy es la perseverancia ante las adversidades. En la miniserie *Band of Brothers* se detallan las vidas de algunos miembros clave y cómo les fue después de la guerra. El comandante Winters se convirtió en un exitoso hombre de negocios que trabajaba en Nixon Nitration Works. Se reincorporó durante la guerra de Corea, pero nunca entró en combate. Ayudó a Stephen Ambrose en la redacción de «Band of Brothers».

Edward Heffron intentó salvar a su camarada John T. Julian. Corrió a través del fuego enemigo, pero desgraciadamente no consiguió salvar a su amigo íntimo. Sus acciones fueron indicativas de las actitudes de la increíble gente de la Compañía Easy. Heffron describe cómo odia el día de Año Nuevo porque le recuerda la guerra y la trágica pérdida de su amigo. Ronald Speirs, que luchó valientemente en la batalla de las Ardenas, permaneció en el ejército estadounidense después de la guerra. Se retiró en 1964, después de 22 años. También luchó contra los norcoreanos como paracaidista. Además, estuvo desplegado en Laos durante la guerra civil del país y como oficial de enlace con la Unión Soviética en Alemania Oriental. Su último destino fue como oficial de planes para el Pentágono.

Darrell Powers, un experto francotirador de la Compañía, trabajó como maquinista en California tras un accidente de coche en el que se vio involucrado. Sufrió problemas de salud y mentales más tarde en su vida, sucumbiendo finalmente a un cáncer de pulmón a la edad de 86 años. Se casó con Dorothy, el amor de su vida, y vivieron juntos 60 años, hasta su muerte. La vida de Herbert Sobel después de la guerra fue trágica. Se divorció de su esposa Rose e intentó suicidarse, pero la bala no lo mató. Al contrario, lo cegó. Murió de desnutrición en 1987, y no se celebró ningún funeral para honrar su memoria. Lewis Nixon III, que participó en la invasión del Día D, la Operación Market Garden y la batalla de las Ardenas, se retiró a una vida de relativa tranquilidad. Murió por complicaciones de la diabetes. William «Wild Bill» Guarnere, la bala perdida del grupo que siempre se ponía en peligro, perdió una pierna por una herida de guerra. Murió a los 90 años.

Capítulo 3: Irena Sendler: El ángel de la guarda del gueto de Varsovia

«Mi padre me inculcó dos principios: Las personas son buenas o malas, y la religión, la raza y la nacionalidad son irrelevantes. Lo que cuenta es la distinción entre el bien y el mal». Irena Sendler

Una mujer que se desvivía por salvar y proteger a aquellos con los que no compartía ninguna relación, aparte de ser de su misma especie

Se dice que quienes soportan y sobreviven a la guerra quedan marcados para siempre por sus oscuras y largas garras. No es ningún secreto que la guerra saca lo mejor y lo peor de los seres humanos. Cuando se enfrenta a momentos de supervivencia, puede elegir un camino que nunca creyó posible, anteponiéndose a los que más quiere y tomando decisiones que pueden ir en contra de sus valores o su moral actuales. Sin embargo, esta no es la historia de la heroína de este capítulo. Una mujer que se desvivió por salvar y proteger a aquellos con los que no compartía ninguna relación, aparte de ser de su misma especie.

Irena Sendler nació en una época en la que se esperaba que las mujeres huyeran y se escondieran. Estaba en el centro de un conflicto encarnizado entre opresores y oprimidos. Ella eligió estar en el lado correcto de la historia. Despojándose de sus miedos y preocupaciones por su seguridad, dejó una huella imperecedera, demostrando que los seres humanos pueden ser buenos unos con otros independientemente de sus diferencias étnicas.

Sendler nació en el seno de una familia católica el 15 de febrero de 1910 en Otwock, Polonia, una ciudad turística cercana a Varsovia. Antes de la Segunda Guerra Mundial, la pequeña ciudad era frecuentada a menudo por judíos. Irena creció observando el trato amable y comprensivo de su padre católico con sus vecinos judíos, lo que le inculcó la idea de que todas las personas nacen iguales. De niña, tenía la costumbre de jugar con los niños judíos, lo que no era habitual en una niña católica.

Su padre, el Dr. Stanislaw Krzyzanowski, uno de los pocos médicos que no tenía reservas a la hora de tratar a judíos, tenía un famoso dicho: «Salta al agua para salvar a alguien que se ahoga, sepas o no nadar». Irena se tomó esas palabras al pie de la letra y creció hasta convertirse en una defensora de la justicia social, empeñada en rescatar a los judíos de la ocupación nazi.

Irena estudió Derecho y Filología Polaca en la Universidad de Varsovia, donde no se privó de condenar y protestar contra la discriminación de los judíos. Se afilió a la izquierdista Unión de Juventudes Democráticas Polacas.

A principios de los años treinta, Irena trabajaba en la División de Asistencia a la Madre y el Niño, en el departamento jurídico. La división formaba parte de la Universidad Polaca Libre, Wolna Wszechnica

Polska. En 1935, trabajó en el Departamento de Bienestar Social y Salud Pública de Varsovia como trabajadora social, que era conocido por ayudar a judíos y cristianos que sufrían circunstancias terribles en la ciudad. Sus principales tareas en la organización se centraban en orientar y ayudar a mujeres jóvenes sin hogar y madres solteras. Les daba consejos sobre cómo prevenir infecciones o enfermedades sexuales y evitar embarazos no deseados.

La invasión alemana

Una nube negra se cernió sobre Polonia y los judíos en particular cuando Alemania venció a los polacos en la batalla y ocupó Varsovia en septiembre de 1939. Los valores de los alemanes diferían drásticamente de los de Irena. Les preocupaba más esclavizar, humillar, aterrorizar y masacrar a quienes consideraban inferiores a ellos. En otras palabras, los judíos.

Irena, una trabajadora social de 29 años en la época de la ocupación, estaba más que dispuesta a echar una mano a los judíos maltratados. Junto con sus amigas, Jadwiga Piotrowska, Irena Schultz y Jadwiga Deneko, utilizaron sus cargos para proporcionar toda la ayuda monetaria y física que pudieron a su comunidad judía.

En 1940, los nazis impusieron una férrea dictadura y obligaron a los judíos a vivir en campos de concentración o guetos. Los judíos de estos guetos estaban sometidos a circunstancias inhumanas en lo que respecta a las necesidades médicas y vitales básicas. Los nazis solían trasladar a los judíos de los guetos a campos de exterminio (campo de exterminio de Treblinka), donde morían. Esta acción se conocía como «la gran acción de liquidación». Si un judío intentaba escapar de los muros del gueto, se le imponía una pena de muerte inmediata.

El gueto de Varsovia fue uno de los mayores campos de concentración judíos de Europa, con más de 400.000 judíos confinados. Era una pequeña zona donde se ubicaba a los judíos y se les separaba del resto de la población cristiana con altos muros y alambres de púas.

Cualquier intento de los cristianos polacos de ayudar a aliviar las angustiosas circunstancias de sus amigos judíos era respondido con violentas repercusiones por parte de los soldados alemanes. Estas consecuencias solían significar la pérdida de vidas humanas.

A medida que quedaban claras las intenciones de los nazis de acabar con la raza judía, los polacos se dieron cuenta de que la ayuda prestada a sus amigos tenía que estar bien organizada y cuidadosamente planificada para que funcionara.

Sendler podía entrar en el gueto de Varsovia con permisos del Departamento de Saneamiento. Los alemanes solían permitir la entrada a los trabajadores sociales por miedo a que un brote de tifus dentro del campo traspasara sus muros y perjudicara a los de fuera. Sendler era testigo de las atrocidades y las horrendas condiciones a las que eran sometidos los judíos cada vez que entraba en el gueto. La gente esperaba a ser trasladada a los campos de exterminio para encontrarse con una muerte inminente o morir de hambre y enfermedades causadas por tener a un gran número de personas en un área tan pequeña.

Gracias a su acceso y al apoyo de sus colegas de la organización, hasta 3.000 judíos, hombres, mujeres y niños, recibieron ayuda en forma de alimentos, dinero y medicinas. En el gueto, Irena utilizaba el nombre en clave de Klara.

Irena sacaba a los niños judíos del gueto con la ayuda de sus colegas del Departamento de Bienestar y los conducía al llamado «lado ario».

Los niños solían ser colocados con familias cristianas o en centros de acogida. Se les daban identidades falsas para ocultarse de los invasores alemanes y de los cómplices ciudadanos polacos que denunciaban a los judíos.

El Consejo de Zegota

En diciembre de 1942 se creó la Zegota. La Zegota era el nombre en clave del consejo creado por los polacos para apoyar a la comunidad judía. El consejo estaba dirigido por el presidente Julian Grobelny, cuyo nombre en clave era Trojan.

Sendler era miembro destacado del consejo de Zegota y respondía al nombre en clave de Jolanta. Fue una de las muchas activistas sociales que emprendieron misiones peligrosas y potencialmente mortales para rescatar al mayor número posible de judíos.

El consejo tenía muchas obligaciones, entre ellas proporcionar comida, refugio, ropa y dinero, además de falsificar documentos para que los judíos pasaran desapercibidos ante las narices alemanas. A menudo se instruía a los judíos en misas y modales cristianos para que pudieran pasar por cristianos devotos en lugar de judíos.

El consejo acordó que Sendler dirigiera la oficina infantil de la organización. Irena tenía talento para burlar a los alemanes gracias a su experiencia como trabajadora social. Estaba a cargo de la red que transfería dinero y buscaba escondites seguros para los niños rescatados. El equipo empleó varios métodos para sacar a los niños del gueto sin ser detectados.

Los niños fueron introducidos de contrabando de las formas más creativas. Los escondieron en bolsas médicas, ataúdes, bolsas para cadáveres, paquetes, sacos de yute y compartimentos secretos dentro de ambulancias. A Elzbieta Ficowska, de cinco meses, la sacaron en una caja de herramientas.

Los rescatadores a veces utilizaban los pasillos y las puertas del tribunal polaco, ya que sus puertas daban al lado polaco de la calle de salida del gueto. Sin embargo, su éxito dependía normalmente del buen corazón de los conserjes polacos que facilitaban sus movimientos por el edificio.

Una ruta de rescate más difícil era unir los sótanos dentro del gueto y los sótanos del lado polaco a través de un laberinto de túneles subterráneos. Una forma más sencilla aprovechaba a un miembro de Zegota como operador de tranvías. Sendler o uno de sus socios falsificaban documentos para el niño judío en caso de que les detuviera un soldado alemán. El niño era llevado al tranvía que cruzaba al lado polaco.

No se dejó ninguna vía sin explorar cuando se trató de salvar a los niños. Sin embargo, no puede ser una historia heroica sin melancolía. Los padres de los niños eran comprensiblemente reacios a separarse de sus seres queridos. Pedían garantías de que sus hijos sobrevivirían al viaje o se negaban en redondo a entregarlos. Sendler y sus amigos intentaron ser lo más sinceros posible, afirmando que no podían ofrecer garantías de que ellos mismos saldrían vivos del gueto. Lo único que podían hacer era intentarlo.

Casas seguras

La oficina de la infancia encontró casas católicas que se ofrecieron a cuidar a los niños como si fueran suyos o a alojar a las jóvenes víctimas en hogares privados. Pero el clero polaco sufrió un duro golpe cuando los nazis ocuparon Polonia. Muchos sacerdotes, monjes y monjas perdieron la vida ayudando a los judíos.

Los sacerdotes católicos colaboraron con la comunidad de Zegota para proporcionar un refugio seguro a los jóvenes desamparados, lejos de las garras de los alemanes. Realizaron bautizos y proporcionaron certificados falsos a algunos supervivientes para engañar a los alemanes y hacerles creer que eran cristianos. Muchas organizaciones monásticas estaban dispuestas a ayudar a los judíos desplazados. Entre ellas estaban la congregación de la Misión (vicentinos), la Sociedad Salesiana, la Asociación del Apostolado Católico y muchas otras.

El padre Jozef Pochoda, párroco, fue uno de los afortunados supervivientes que escaparon de la Gestapo tras descubrir que había bautizado a dos niños judíos. Normalmente, los niños se trasladaban de una institución religiosa a otra para evitar ser capturados.

El Hogar del Padre Boduen fue un famoso destino para los niños desplazados. Alrededor de 220 niños judíos fueron acogidos allí por el Ángel de la Guarda de Varsovia y sus acompañantes. Aunque muchos ciudadanos polacos sabían que había niños judíos residiendo en su hogar, nadie los delató a la Gestapo. En muchos casos, el hogar del reverendo Boduen solo sirvió de fase transitoria para que el niño se pusiera a salvo. Antes de la extracción del niño, se facilitaban datos por teléfono detallando la hora exacta de llegada, así como las características y el aspecto del niño.

Los conventos de monjas eran los mejores lugares para cuidar a los niños debido a su ubicación en zonas remotas, lejos de los ojos de los nazis alemanes. Las monjas creían que era su deber sagrado cuidar de los niños afectados por el terror de la guerra.

Se llegó a un acuerdo entre Sendler y las monjas de cuatro órdenes principales (las Hermanas Grises, las Pequeñas Siervas de la Inmaculada Concepción, las Franciscanas de la Familia de María y la Orden de Santa Isabel). Tras recibir una palabra clave específica, las monjas viajaban a Varsovia, recogían a los niños y niñas judíos y regresaban con ellos a sus conventos para cuidarlos.

Muchas familias polacas se ofrecieron voluntariamente a cuidar de los niños una vez presentados sus documentos falsos. En la mayoría de los casos, se trataba de parejas sin hijos que buscaban un niño para completar su familia. La mayoría de los niños eran demasiado pequeños para comprender el dilema en el que se encontraban, así que se acostumbraron rápidamente a sus nuevos cuidadores. Sin embargo, a los mayores les resultaba más difícil adaptarse al nuevo entorno, ya que vivían aterrorizados ante el peligro inminente de ser identificados como judíos y, finalmente, asesinados.

Sendler llevaba un registro en una estrecha tira de papel de seda con los datos de todos los niños rescatados, sus nombres judíos, sus nombres católicos temporales y el lugar en el que eran acogidos. Esta lista servía como esperanza de que algún día, cuando terminara la guerra, los niños se reunirían con sus familias biológicas. Muchas de estas listas se escondieron en frascos y se enterraron bajo un manzano cerca de los barracones alemanes.

Captura de Irena Sendler

La Gestapo sospechaba cada vez más de las acciones de Irena. El 20 de octubre de 1943 allanaron su apartamento en busca de pruebas. En ese momento, Irena estaba con su madre enferma y otra amiga que era su hermana de armas en las misiones de rescate. Por miedo a que descubrieran a los niños salvados, Irena entregó el índice con los nombres de los judíos a su amiga, que se lo metió en la ropa interior antes de que entrara la Gestapo. La Gestapo revisó todo el apartamento en busca de pruebas incriminatorias durante 2 largas horas, pero fue en vano.

Disgustada por la falta de resultados, la Gestapo detuvo a Irena y la escoltó a Pawiak, una prisión donde muchos polacos encontraron la muerte a manos de los nazis. Sendler fue sometida a palizas, tormentos y violaciones de muchas formas. Le rompieron las piernas y los pies durante los interrogatorios para obligarla a confesar, pero ella se mantuvo firme y en silencio. La condenaron a muerte y le hicieron creer que su tiempo en la tierra había terminado. Sin embargo, sus buenas acciones la alcanzaron y María Palester, miembro de Zegota, organizó un soborno para sacarla de su encierro. Su hija Malgosia hizo el pago, escondido en su bolso bajo fideos y gachas.

Tras su liberación, Irena adoptó una nueva identidad y pasó a la clandestinidad. Tras su recuperación, Irena Sendler continuó su trabajo con Zegota, rescatando y colocando a niños en hogares seguros hasta el levantamiento de Varsovia en agosto-septiembre de 1944. Sendler se quedó con los palestinos, que la ayudaron a salir de la cárcel, y trabajó como enfermera en la calle Falata, en una unidad de ayuda médica.

El final de la guerra

Tras el final de la guerra, Irena desenterró los frascos con el índice de nombres de los niños judíos rescatados para intentar encontrar a sus padres y reunir a las familias rotas. Entregó la información a un representante del comité judío. Desgraciadamente, tras muchas inspecciones y búsquedas minuciosas, se determinó que la mayoría de los padres de los niños desplazados habían muerto en el campo de exterminio de Treblinka.

Irena no detuvo su labor desinteresada tras la liberación de Polonia. Se lanzó de cabeza a varios proyectos para ayudar a los necesitados y vulnerables. Creó orfanatos y trabajó con sus colegas para establecer residencias de ancianos y otras instituciones de bienestar social. Más tarde se afilió al Partido Obrero Unificado Polaco.

Irena tuvo 3 hijos (2 niños y una niña) con su segundo marido, Adam Celnikier, a quien ayudó en el gueto. Antes del final de la guerra, vivieron juntos bajo el nombre de Zgrzembski para evitar las miradas indiscretas de la Gestapo. Uno de sus hijos falleció después de nacer. El otro murió en los años noventa de una enfermedad cardiaca. Tras la guerra, el gobierno polaco no reconoció debidamente los esfuerzos de Irena.

Sendler cayó enferma en 1968 y dejó de trabajar. Por la misma época se desató en Polonia la campaña antisemita, que llevó a varios miles de judíos a huir del país. Irena, horrorizada por la injusticia que seguían sufriendo los judíos, propuso a su antigua compañera de guerra, Jadwiga Piotrowska, crear una nueva Zegota.

Irena vivió en el anonimato hasta que su historia se dio a conocer a principios del nuevo milenio. Se dice que un profesor llamado Norman Conrad, en 1999, mostró a sus alumnos de Kansas un recorte de una revista sobre la mujer que salvó a 2.500 niños judíos durante el holocausto. Asignó a sus alumnos la tarea de averiguar quién era y la extraordinaria historia que había detrás de semejante hazaña. Cuatro de sus alumnos aceptaron su reto, investigaron y escribieron una obra titulada «La vida en un tarro» como homenaje al índice que Irena escondía en tarros bajo el manzano.

La historia contada por los 4 estudiantes arrojó una luz sobre la historia del Ángel de la Guarda de Varsovia, que desafió a los nazis alemanes. La obra se convirtió posteriormente en un largometraje y se representó más de 200 veces en el escenario. Como consecuencia directa de que su historia se diera a conocer, Irena recibió numerosos galardones, el más importante de los cuales fue una candidatura al Premio Nobel de la Paz en 2008. En 2003 recibió el Premio Jan Karski al valor y el coraje. También recibió la Orden del Águila Blanca. Otro galardón que recibió es la «Orden de la Sonrisa», que suelen entregar los niños. Sendler declaró que el premio fue uno de los reconocimientos más bonitos que recibió. Parte de la tradición implica que el galardonado debe beber zumo de limón y sonreír antes de que se lo entreguen.

Irena Sendler falleció el 12 de mayo de 2008. Desde entonces, su vida ha sido celebrada por muchos de diferentes formas. Su nombre figura en calles, plazas y escuelas, y su imagen decora murales, sellos y monedas.

El valor de Irena durante la Segunda Guerra Mundial es un testimonio de la naturaleza desinteresada de su vida. Su memoria sigue inspirando y guiando a quienes buscan la luz frente a una oscuridad abrumadora. Fue una mujer que desafió las probabilidades y actuó cuando lo más común en aquella época era la inacción.

Capítulo 4: Los locutores de clave navajos: Héroes del Pacífico

Con el inicio de la Segunda Guerra Mundial, las fuerzas militares de todo el mundo se dieron cuenta de la importancia de la investigación y el desarrollo científicos estructurados, especialmente en electrónica de comunicaciones. os revolucionarios avances que permitieron las comunicaciones transnacionales en tiempo real, el perfeccionamiento de los sistemas de transmisión por cable y radio, la mejora de los sistemas de navegación y otras innovaciones obligaron a las fuerzas militares a mejorar el desarrollo y la interpretación de sus códigos.

Los navajos y toda la comunidad indígena estadounidense se enfrentaron a adversidades y prejuicios a pesar de su inteligencia y sus esfuerzos durante la guerra
https://commons.wikimedia.org/wiki/File:Navajo_code_talkers_in_2013.JPG

Este capítulo explora la necesidad crítica de un sistema de comunicación seguro en el teatro del pacífico, sentando las bases para los codificadores navajos, los heroicos creadores de códigos. Conocerá los avances logrados durante la guerra y por qué requirieron mejores habilidades de desarrollo e interpretación de códigos. También aprenderá cómo la lengua navajo, no escrita y prácticamente desconocida fuera de su comunidad, contribuyó a la victoria de los aliados. El capítulo profundiza en las adversidades y prejuicios a los que se enfrentaron los navajos y toda la comunidad nativa americana a pesar de su inteligencia y esfuerzos durante la guerra. Leyendo este capítulo, descubrirá por qué las contribuciones de los codificadores navajos se mantuvieron en secreto durante décadas después de la guerra y cómo finalmente recibieron su merecido reconocimiento y elogio.

La necesidad de sistemas de comunicación: tecnología y códigos

Radiocomunicaciones en tiempo real

Durante la Segunda Guerra Mundial, las fuerzas militares se dieron cuenta de la necesidad de equipos de comunicación para transmitir información de alta calidad en tiempo real y en grandes cantidades. Sus necesidades superaban con creces las capacidades tecnológicas de la industria de la época. Las fuerzas necesitaban desarrollar métodos de comunicación innovadores y altamente eficaces, por lo que se buscaron mejores departamentos de investigación y desarrollo especializados en comunicaciones-electrónica y plantas de fabricación. En aquella época, las transmisiones por radio también eran primordiales.

Varios departamentos del ejército, como las fuerzas aéreas, los equipos acorazados, las fuerzas de artillería y el personal de infantería, sugirieron la necesidad de comunicaciones por radio en tiempo real. Tras el desarrollo de la tecnología, cada militar, independientemente de su rango, recibió al menos una radio. Dependiendo de su posición en la jerarquía militar y de la función asignada, algunos recibían hasta 3 radios. Se basaban en la comunicación por cable, caracterizada por su rapidez y gran adaptabilidad. Los cables multiconductores soportaban hasta 4 conversaciones y fueron adoptados por primera vez por los alemanes.

Avances revolucionarios

Mucha gente no sabe que la Segunda Guerra Mundial impulsó avances científicos y tecnológicos revolucionarios que conforman la vida actual. Desde las microondas hasta las tecnologías de radar, los avances de la guerra se abrieron camino en la vida civil cotidiana de la posguerra. Por ejemplo, la tecnología de radar es ahora parte integrante de la meteorología y de la capacidad para detectar el tiempo con precisión. La progresión de las computadoras más potentes durante la guerra llevó a la creación de las primeras computadoras de propósito general, marcando así un momento trascendental en la historia del mundo y la aparición de una nueva era de comunicaciones transcontinentales.

Los avances médicos logrados durante la guerra, como el aumento de la producción de penicilina y antibióticos para tratar las infecciones bacterianas, marcaron un antes y un después en la medicina. También surgieron varias innovaciones quirúrgicas y de tratamiento de traumatismos. Estos extraordinarios avances médicos permiten continuamente a los profesionales de la medicina salvar innumerables vidas cada día.

La bomba atómica es quizá el avance más famoso de todos por su capacidad para sembrar el caos y definir los resultados en tiempos de guerra. Su uso en la Segunda Guerra Mundial marcó el inicio de la era atómica y desencadenó una interminable carrera armamentística nuclear entre la Unión Soviética y Estados Unidos. Las dos naciones se enzarzaron en una carrera geopolítica relacionada con el espacio, que condujo esencialmente a la creación de la NASA y al alunizaje en 1969. Estos acontecimientos influyeron en la diplomacia, configuraron la política mundial y determinaron el tamaño y el poder de las fuerzas militares. También sirvieron de trampolín para futuros avances científicos y tecnológicos.

Por otro lado, se desarrollaron varios dispositivos de comunicación nuevos y muy perfeccionados a medida que avanzaba la guerra. El «Loran», uno de los avances electrónicos más recientes, se utilizaba para la navegación electrónica de largo alcance, útil para aviones y buques de guerra. El «Shoran» estaba destinado a los sistemas de navegación de corto alcance.

Los sistemas de aterrizaje de los aviones experimentaron mejoras significativas. Los ingenieros combinaron sus conocimientos sobre comunicaciones y radares para agilizar el proceso de aterrizaje de los aviones, incluso cuando la línea de visión del piloto estaba totalmente bloqueada. El «sistema de aproximación controlada desde tierra» (GCA, por sus siglas en inglés) fue la guía de control de aterrizaje de aeronaves más popular.

También se desarrolló otro sistema conocido como GCI, «interceptación controlada desde tierra». Este sistema comprendía combinaciones de tecnologías de radar, comunicación y radiogoniometría. El GCI fue concebido para facilitar el control en tierra de los interceptores.

El sistema de guía de bombas controlado por radio fue otro avance clave, ya que permitió a los artificieros dirigir las bombas a sus objetivos con precisión. Se introdujeron contramedidas electrónicas que permitieron a las fuerzas interferir en los canales de radio, la navegación, el radar y otros sistemas.

La necesidad de un código indescifrable

El avance de las tecnologías de comunicación en tiempos de guerra obligó a las fuerzas militares a mejorar el desarrollo y la interpretación de sus códigos. Las comunicaciones inalámbricas por radio se propagaron enormemente, poniendo en riesgo de interceptación la información ultrasecreta. Los planes y órdenes sensibles se transmitían a través de radios inalámbricas, por lo que los ejércitos tuvieron que ser creativos con sus códigos secretos. Tenían que asegurarse de que nadie más que el personal capacitado captara esos mensajes.

Código Enigma e Inteligencia Ultra

Los polacos y los británicos tuvieron mucho éxito descifrando los mensajes alemanes transmitidos en el código Enigma. Además de sus excelentes habilidades criptográficas, podían captar fácilmente los patrones con la ayuda de un traidor alemán. Al principio, los alemanes no tenían ni idea de que sus enemigos descifraban sus mensajes. Sin embargo, sospecharon que algo iba mal cuando ya no pudieron hundir con eficacia tantos barcos enemigos como antes. La Armada alemana perfeccionó sus máquinas Enigma, dispositivos especializados de cifrado, para salvar la situación, lo que les permitió volver a apuntar mejor y hundir los barcos enemigos.

Código Púrpura e Inteligencia Mágica

Los japoneses no tenían sistemas criptográficos tan sofisticados como los alemanes, por lo que eran propensos a la interpretación. El ejército y la marina estadounidenses descifraron exitosamente los mensajes diplomáticos que iban y venían entre Tokio y las embajadas japonesas en Berlín, Londres, Roma, Washington y otras zonas. Sin embargo, la mayor parte de sus esfuerzos fueron en vano. Aunque el código japonés Púrpura fue descifrado en su totalidad utilizando información obtenida del código Magic interpretado, no mencionaba explícitamente ningún plan militar. De ahí que Estados Unidos no previera el ataque a Pearl Harbor.

A medida que avanzaba la guerra, Estados Unidos y las fuerzas aliadas utilizaron Magic y Ultra para descifrar los mensajes alemanes cifrados por la máquina Enigma y adelantarse así a sus enemigos. Aunque el código Púrpura no ofreció una advertencia previa sobre el ataque a Pearl Harbor, las comunicaciones japonesas proporcionaron información de suma importancia sobre la producción de armas nazis y el objetivo de Alemania de proteger Europa. También se enteraron de que Japón no se rendiría y mantendría su posición a menos que se viera forzado o presionado significativamente a hacer lo contrario.

Los Estados Unidos y los aliados, especialmente la Marina Real británica, utilizaron una amplia gama de técnicas para descifrar los códigos secretos transmitidos a través de los alemanes y los japoneses. Sobre todo, se hicieron con valiosísimos libros de códigos que les ayudaron a interpretarlos. En 1940, la Armada británica capturó un buque alemán. Durante el ataque, los alemanes intentaron deshacerse de los libros arrojándolos al océano. Sin embargo, los aliados recuperaron una parte sustancial del libro de códigos, lo que les permitió conocer los códigos y la información alemanes.

En 1942, los marinos británicos recuperaron una parte aún mayor de los libros de códigos alemanes cuando los encontraron en un submarino alemán que se hundía en el Mediterráneo. Dos marineros británicos murieron durante esta misión, y los libros de códigos recuperados fueron vitales para los criptoanalistas aliados. Era el código que utilizaban los alemanes para comunicarse a través de sus submarinos. A finales de 1942, los Estados Unidos y los aliados descifraban hasta 4.000 mensajes alemanes al día, lo que les permitía contrarrestar eficazmente los ataques dirigidos por el enemigo.

Los criptólogos a menudo tenían que cribar millones de posibilidades diferentes hasta llegar a las soluciones correctas utilizando sus increíbles habilidades matemáticas y sus conocimientos informáticos. El estudio de la criptología salvó innumerables vidas durante la guerra, contribuyó a la victoria de los aliados y acortó significativamente la duración de la guerra. Los profesionales del campo sugieren que, de no haber sido por los diligentes esfuerzos de descifrado de códigos, la guerra podría haberse reanudado unos dos años más.

Los locutores de clave navajos

A principios de la década de 1940, el Cuerpo de Marines de los Estados Unidos desarrolló un programa que les permitiría llevar a cabo una comunicación segura y eficaz: los locutores de clave navajo. Los navajos son la mayor tribu de la nación reconocida a nivel federal. Este grupo nativo americano habita en la región suroeste de Estados Unidos. Los marines reclutaron a 29 hombres navajos que utilizaron su lengua nativa para crear un código indescifrable con el que transmitir mensajes e información delicada durante la guerra.

El equipo navajo participó en los ataques que el Cuerpo de Marines dirigió hasta 1945. Fue una maniobra genial porque el enemigo nunca descifró el código a pesar de que transmitían mensajes de un lado a otro a través de radios y teléfonos, a los que los japoneses accedían fácilmente. Japón tenía fama de descifrar los mensajes y los códigos militares transmitidos a través del Pacífico, lo que dificultaba enormemente la elaboración de estrategias y el mantenimiento de los elementos sorpresa y sensibles de la guerra.

La creación del Programa de Codificadores Navajos

Philip Johnston, veterano de la Primera Guerra Mundial, fue el cerebro del programa de los locutores de clave navajos. Se inspiró en un artículo sobre cómo el ejército había utilizado anteriormente soldados nativos americanos para fines similares. Reclutó hombres navajos en particular porque su padre era un misionero que vivía en la Nación Navajo. Ya estaba familiarizado con la cultura y la lengua, y confiaba en que el idioma sería difícil de descifrar. En aquella época, ni siquiera las tribus de los alrededores entendían el navajo.

Su formación y experiencia le permitieron presentar una propuesta sólida al comandante James E. Jones. Aunque en un principio el mayor Jones dudó de la eficacia de la idea, Johnston lo convenció fácilmente en cuanto empezó a hablar en navajo. El comandante Jones le ordenó que procediera de inmediato con los navajos.

La prueba de Johnston con los navajos tuvo mucho éxito. Al principio, la lengua no tenía sistema de escritura hasta que los misioneros llegaron a la región y crearon un alfabeto. La complejidad de la lengua y la inexistencia de escritura la hacían muy prometedora para los códigos militares. El 28 de febrero de 1942, cuatro navajos demostraron cómo podían enviar y recibir mensajes codificados en navajo. Pocos días después, el general de división Clayton B. Vogel firmó una carta en la que manifestaba su actitud favorable al reclutamiento de 200 hombres navajos en el Cuerpo de Marines.

Si bien se aprobó el alistamiento inicial de los nativos, había requisitos estándar adicionales que los hombres debían cumplir para ser reclutados oficialmente, como la edad, la salud y los requisitos de ciudadanía. Los candidatos tuvieron que someterse a un programa de entrenamiento de 7 semanas. Recibieron formación militar básica, mejoraron sus habilidades de comunicación en inglés y navajo, desarrollaron y memorizaron ciertos códigos basados en el navajo, aprendieron a utilizar equipos específicos, completaron un riguroso entrenamiento militar y aprendieron el protocolo de seguridad. De entre los muchos candidatos, 29 reclutas navajos desarrollaron el código y sirvieron en el ejército. Más de 400 hombres navajos se unieron finalmente al programa y sirvieron en diferentes divisiones de los Marines.

El desarrollo del código navajo

La idea del código era bastante fácil. Los hombres tenían que elegir palabras de la lengua navajo y aplicar cada una de ellas a frases militares comunes. Inicialmente, el código constaba de 211 términos navajos. Sin embargo, cuando el éxito del programa se hizo evidente, el código se amplió a 411 términos. Otro factor que hizo que el código fuera tan difícil de descifrar fue que el idioma navajo no tenía terminología militar. Los desarrolladores tuvieron que crear nuevos términos navajos y asignarles significados. Por ejemplo, el idioma navajo no tenía una palabra para «barco». Por lo tanto, los hombres combinaron las palabras navajo que significan «mar» y «fuerza», otorgando el nuevo significado de «barco». También se utilizaron términos navajos como «portaaviones» y «pez de hierro» para referirse a palabras como «avión» y «submarino».

Para complicar aún más las cosas al enemigo, los locutores de clave navajos crearon un sistema alfabético navajo en el que cada una de las 26 letras del alfabeto inglés correspondía a una palabra navaja. Utilizaban este sistema único para escribir y enviar mensajes en inglés imposibles de descifrar. Lo memorizaban todo y no dejaban ningún rastro escrito del código. Más tarde ampliaron el alfabeto a 44 letras cuando se dieron cuenta de que algunas letras del inglés se utilizaban con mucha frecuencia. Querían evitar el riesgo de que el enemigo descubriera la teoría o partes del código.

Los japoneses capturaron al sargento navajo Joe Kieyoomia y, seguros de que conocía la clave para descifrar el código, lo torturaron para que acabara quebrándose bajo presión. Sin embargo, aunque Kieyoomia hablaba navajo, nunca fue entrenado para descifrar el código. Los mensajes cifrados le sonaban como un amasijo indiscernible de palabras desordenadas. Los desarrolladores del código pensaron en todos los detalles. Se aseguraron de que nadie, ni siquiera los que hablaban navajo con fluidez, pudiera descifrar el código si no estaba entrenado.

El código navajo era un medio de comunicación rápido y muy seguro: los métodos existentes requerían unos 30 minutos para descifrar 3 líneas de inglés utilizando máquinas descifradoras. Los locutores de clave traducían el mismo número de palabras en solo 20 segundos. Como memorizaban el código, los locutores de clave tenían que descifrar cada mensaje en tiempo real utilizando únicamente su memoria. El proceso de desarrollo estaba bien pensado, sin dejar lugar a errores. Por ejemplo, durante la batalla de Iwo Jima, solo 6 locutores de clave participaron en la traducción de más de 800 mensajes en todo el frente.

El proceso se realizaba a la perfección y todos los mensajes se enviaban, transmitían, entregaban y descodificaban sin errores. Aunque el código era muy adaptable para ajustarse a diversas comunicaciones, los locutores de clave evitaban escribir el código y solo se comunicaban por radio y teléfono. El programa de entrenamiento intensivo garantizaba que los locutores de clave transmitieran y descifraran los mensajes con eficacia, incluso en condiciones de guerra intensas.

Alrededor de 15 de los locutores de clave originales se unieron a la primera división de Marines mientras planeaban el ataque en el Pacífico en Guadalcanal. No fueron reclutados oficialmente hasta que demostraron su valía en el campo de batalla.

Retos y discriminación

Los locutores de clave desempeñaron un papel indispensable durante la guerra. El comandante Howard Connor explicó que la batalla de Iwo Jima nunca habría sido un éxito estadounidense si no hubiera sido por los navajos. A pesar de sus contribuciones, como todos los nativos americanos de la época, los locutores de clave navajos fueron ampliamente discriminados. Estos prejuicios no solo se produjeron antes de la guerra, sino también durante y después, mientras trabajaban incansablemente para lograr la victoria estadounidense.

Muchos niños nativos americanos fueron matriculados a la fuerza en internados gubernamentales y obligados a abandonar sus lenguas nativas y hablar inglés. Chester Nez, uno de los primeros locutores de clave, mencionó en una ocasión que se sentía frustrado porque, tras años de obligarlo a él y a su gente a hablar únicamente inglés, el gobierno les pidiera ayuda para utilizar la misma lengua que se les había pedido que abandonaran.

A los navajos no se les permitió votar en Arizona hasta 3 años después de la guerra. Cinco años después, en 1953, se les concedió el derecho al voto en Nuevo México. Utah les siguió 2 años más tarde. Su falta de derecho al voto era un problema persistente a pesar de que en 1924 se firmó la Ley Snyder que concedía la ciudadanía estadounidense a todos los nativos americanos nacidos en Estados Unidos. Sin embargo, la discriminación iba mucho más allá de la imposibilidad de votar. A menudo se negaba a los nativos americanos el acceso a restaurantes, hoteles y otros servicios públicos fuera de la nación navajo. Aunque los locutores de clave eran veteranos de guerra, no tenían acceso a diversas prestaciones para veteranos.

Secreto de posguerra y reconocimiento anticipado

A pesar de que merecían reconocimiento y distinción por sus esfuerzos, los locutores de clave fueron ocultados a la opinión pública. El programa de los locutores de clave navajos permaneció altamente clasificado hasta 1968, cuando aparecieron nuevos métodos para descifrar el código que lo dejaron obsoleto. No fueron recibidos en casa con elogios ni celebraciones, ya que los detalles del programa y el conocimiento de su existencia se mantuvieron en secreto décadas después de la guerra. No fue hasta 1982 cuando el presidente Ronald Reagan anunció que el 14 de agosto sería el Día Nacional de los locutores de clave. En 2001, los 29 locutores de clave iniciales fueron reconocidos por sus contribuciones y éxitos. El gobierno estadounidense les concedió oficialmente la Medalla de Oro del Congreso, y a los demás locutores de clave se les otorgó la Medalla de Plata del Congreso.

El papel de la comunidad navajo en la Segunda Guerra Mundial fue inestimable. Una vez casi extinguida, la lengua pasó de ser desconocida más allá de los límites de la reserva navajo a convertirse en una de las más veneradas del mundo. Sentó las bases de un código militar muy innovador y complejo que contribuyó al éxito de los aliados y desconcertó a los criptógrafos japoneses durante varios años. A diferencia de cualquier otro de su clase, este código se interpretaba en solo unos segundos y se transmitía sin errores. El éxito y las adversidades a las que se enfrentaron los nativos americanos, especialmente la comunidad navajo, son testimonio de su perdurable resistencia, determinación e impacto de la Segunda Guerra Mundial.

Capítulo 5: Vasily Zaitsev: el francotirador del este

Vasily Zaitsev es un nombre del que algunos estadounidenses y occidentales habrán oído hablar gracias a la película «Enemigo al acecho». Aunque la película está plagada de inexactitudes, permitió dar a conocer a este héroe ruso.

Vasily es uno de los francotiradores más famosos del mundo

Vasily es uno de los francotiradores más famosos del mundo. Tuvo un papel influyente durante la Segunda Guerra Mundial que cimentó su nombre en la historia. Mató a unos 300 soldados nazis y desempeñó un papel fundamental en muchas batallas que contribuyeron a la victoria soviética.

Este capítulo trata de la vida de Vasili Zaitsev y de la batalla que le valió un lugar en la historia.

Primeros años y educación de Vasili Zaitsev

Nacido en el seno de una familia sencilla en marzo de 1915, Vasili tuvo una interesante educación que lo preparó para el papel que cambió su vida y el curso de la historia. Creció en Yelenovsk, un pueblo de la región de Cheliábinsk, en los Urales, aislado de la sociedad. No tenían tiendas de comestibles ni puntos de venta para comprar comida, así que tuvieron que ingeniárselas para ser autosuficientes.

Su abuelo, Andrei Alekseevich Zaitsev, les enseñó a él y a sus hermanos a cazar desde muy pequeños. A diferencia de los niños de su edad, que pasaban el tiempo jugando y disfrutando de su inocencia infantil, Vasily, sus hermanos y sus primos se pasaban el día rastreando lobos, colocando trampas y durmiendo al aire libre, incluso cuando hacía frío. Cuando cumplió 12 años, cazó su primer lobo. Vasily tenía un talento sorprendente, ya que consiguió matar al lobo con una sola bala, todo un logro para un chico de su edad. Aprendió a cazar ciervos y conejos, y pronto destacó en ello y se convirtió en el orgullo de su familia.

Las balas eran difíciles de conseguir, por lo que los cazadores tenían que tener cuidado de no desperdiciarlas. Por esta razón, a Vasily le enseñaron a usar una sola bala cuando cazaba, lo que dio forma a su puntería.

Aunque aún era un niño, Vasily tenía su arma personal, un rifle de un solo cañón. Era tan grande que le costaba llevarlo a la espalda, ya que tenía una complexión inusualmente pequeña. Se cree que se la regaló su abuelo. Con ella perfeccionó su puntería y se convirtió en la máquina de matar que infundió miedo a miles de nazis.

Vasily tuvo una educación dura, que influyó significativamente en su personalidad y lo convirtió en el soldado duro y fuerte que fue. Gracias a su abuelo, aprendió las técnicas necesarias para convertirse en uno de los mejores francotiradores de la historia. Admitió que debía su éxito como francotirador a su educación. Aprendió a ser paciente acechando a su presa y escondiéndose durante horas, haciéndose invisible hasta que conseguía el disparo perfecto. Vasily era un chico fuerte con un autocontrol extraordinario para alguien tan joven.

Educación

Los viajes de caza de Vasily no lo distraían de sus deberes escolares: era un estudiante inteligente, aplicado y excepcional. Se graduó en siete cursos en el instituto. En 1930, se graduó en la escuela de construcción de la ciudad de Magnitogorsk. Después de graduarse, también estudió contabilidad.

Carrera militar de Vasily

Vasily estaba destinado a convertirse en soldado desde muy joven. Tenía todas las cualidades para ser un gran francotirador, como astucia militar, resistencia, compostura, oído sensible y agudeza visual.

En 1937, trabajó como empleado en el departamento financiero de la flota soviética en Vladivostok, Rusia. Sin embargo, era cazador y soldado de corazón, y un trabajo de oficina archivando papeles no lo satisfacía. Quería estar ahí fuera persiguiendo, cazando y utilizando las habilidades que le había enseñado su abuelo.

En 1937 se alistó en el Ejército Rojo. Aunque era pequeño para su edad, fue reclutado por la Marina soviética. Pero esto aún no era suficiente para el héroe soviético, que tenía mucho más que ofrecer. En septiembre de 1942, los alemanes invadieron la Unión Soviética, por lo que él y algunos de sus compañeros se ofrecieron voluntarios para unirse al frente. Sin embargo, su petición fue denegada cuatro veces. Afortunadamente, a la quinta fue la vencida, y fue asignado al 1047º Regimiento de Fusiles de la 284ª División de Fusiles del 62º Ejército, que luchó en la batalla de Stalingrado.

Cuando Vasily fue trasladado al frente, era sargento mayor. Fue obvio para todos desde el principio que no era un soldado ordinario. Era excepcionalmente valiente. Incluso cuando fue herido varias veces, nunca abandonó su puesto; su país y la guerra eran lo primero. Lo impulsaban su patriotismo y su valor.

Pronto, Vasily se convirtió en uno de los soldados más destacados. Llamó la atención de sus superiores, especialmente durante sus primeros encuentros con los nazis. Pudieron ver sus verdaderos talentos y que su lugar no estaba en el frente.

Un día, su oficial superior pidió verlo. Quería poner a prueba sus otras habilidades. Le mostró a un soldado en las líneas enemigas y le dijo que le disparara a través de la ventana. No fue un tiro fácil, ya que el hombre estaba a 2.500 pies (762 metros) de distancia. Como hizo con los lobos y los ciervos años atrás, Vasily mató al hombre de un solo disparo. Cuando los soldados alemanes se dieron cuenta de que había caído, corrieron a ver cómo estaba. Vasily pudo verlos desde su ventana y mató a cada uno de un disparo. Este acto le valió la Medalla al Valor y una recompensa en metálico. En ese momento comenzó su verdadera carrera y su heroica historia como uno de los mejores francotiradores del mundo.

La batalla de Stalingrado

La racha de asesinatos de Vasily no disminuía. Había matado a 32 soldados nazis con un simple rifle de francotirador. Se le concedió un rifle con mira óptica, que utilizó para hacer historia.

En septiembre de 1942, llegó a Stalingrado cruzando el río Volga. Los soldados llevaban un mes luchando y la ciudad se había convertido en escombros. Sin embargo, la destrucción permitió a Vasily esconderse fácilmente y disparar a sus enemigos.

Entre noviembre y diciembre, Vasily mató a tiros a 225 soldados alemanes en la batalla de Stalingrado. Se hizo un nombre en su país y entre sus enemigos. Entre los hombres que Vasily mató había 11 francotiradores, un logro considerable que le granjeó el respeto de sus compañeros e hizo que los alemanes temblaran al mencionar su nombre. Se convirtió en una inspiración para sus tropas, que se sintieron motivadas por sus habilidades para trabajar más duro y superarse.

La batalla de Stalingrado duró cinco meses y terminó con la rendición de los alemanes, dando la victoria a los soviéticos.

Según los registros oficiales, Vasily mató a 243 alemanes. Sin embargo, muchos creen que la cifra real es mucho mayor, y muchos lo consideran una leyenda hasta el día de hoy.

Tácticas de guerra Vasily

Vasily utilizaba tácticas inteligentes para coger desprevenidos a sus enemigos. Sabía cómo sorprenderlos y dónde esconderse de ellos, normalmente eligiendo el último lugar que esperaban. Se escondía en distintos lugares, como tuberías de agua, bajo los escombros o en terreno elevado. Disparaba a unos cuantos hombres desde un lugar y luego cambiaba de sitio antes de que pudieran encontrarlo.

Otra táctica común que utilizaba a menudo consistía en cubrir una gran zona desde distintos lugares para poder matar a más de un soldado a la vez. Esta táctica se denominaba «los seises», y muchos francotiradores de todo el mundo siguen utilizándola hoy en día. Otra táctica que utilizaba Vasily era realizar misiones diarias e intensas para neutralizar a tiradores, oficiales y otros objetivos militares.

Sus tácticas fueron influyentes y transformaron los métodos de francotirador en la Unión Soviética y en todo el mundo. Las escuelas modernas de francotiradores siguen enseñando sus técnicas y tácticas.

Puede parecer que a Vasily no le costó mucho eliminar a los soldados alemanes. Sin embargo, esto no es cierto. La guerra nunca es fácil. Algunos hombres eran difíciles de encontrar y más difíciles de matar, como Heinz Thorvald, alias *Erwin König*.

Erwin König

Los alemanes se sintieron frustrados con Vasily, el legendario francotirador que disparó a cientos de sus hombres sin que nadie pudiera encontrarlo. Así que tomaron medidas y enviaron a uno de sus mejores hombres tras él.

Vasily describió a Erwin König en sus memorias como brillante y un «francotirador muy hábil»
Bundesarchiv, Bild 169-0526 / CC-BY-SA 3.0, CC BY-SA 3.0 DE
<*https://creativecommons.org/licenses/by-sa/3.0/de/deed.en*>, *vía Wikimedia Commons:*
https://commons.wikimedia.org/wiki/File:Bundesarchiv_Bild_169-
0526,_Russland,_Scharfsch%C3%BCtze_in_Stellung.jpg

Erwin König, o como lo describió Vasily en sus memorias, el «súper francotirador», fue el director de una escuela de francotiradores en Alemania y un oficial de alto rango en el ejército nazi. Poco se sabe de Erwin, lo que lo convierte en una de las figuras más misteriosas de la guerra. Se cree que fue a Stalingrado para destruir a los francotiradores soviéticos y matar a Vasily, que causó estragos en el ejército alemán y destruyó la moral de los soldados.

Sin embargo, Vasily no estaba al tanto de la llegada de Erwin, lo que dio ventaja al soldado alemán. Solo cuando un oficial alemán capturado se jactó de que Vasily tenía los días contados porque Alemania había enviado a su mejor francotirador tras él, supo que estaba en peligro. El comandante soviético Nikolai Filippovich Batyuk asignó a Vasily la misión de encontrar y matar a Erwin.

Vasily era un hombre seguro de sí mismo, por lo que las habilidades de Erwin no le suponían una amenaza. En sus memorias lo describió como brillante y un «francotirador muy hábil». Vasily mencionó que pasó una semana buscándolo, y que la misión fue todo un reto. Sin embargo, cuando un francotirador soviético fue abatido y herido, y otro recibió un disparo y se le rompió la mira óptica, Vasily pudo determinar la posición de Erwin.

Él y otro soldado, Nikolai Kulikov (amigo de confianza de Vasili, que luchó codo con codo con él), engañaron a Erwin para que se revelara. Pusieron un casco sobre un palo para que pareciera un soldado escondido, con la esperanza de que Erwin disparara contra él y supieran su ubicación. El plan funcionó. Después de disparar al casco, Erwin levantó la cabeza para ver si su objetivo estaba vivo o no. Vasily lo vio y le disparó, matándolo inmediatamente. Este famoso duelo apareció en la película «Enemigo al acecho».

Hay muchas especulaciones sobre este duelo, y algunas personas creen que nunca ocurrió —y que no hubo ningún soldado alemán llamado Erwin König. Tras muchas investigaciones, los historiadores no han podido encontrar pruebas sólidas que demuestren que estos hechos ocurrieron. Toda la información sobre el duelo procede de las memorias de Vasily o de los archivos militares soviéticos.

Vasily lo mencionó con dos nombres, Erwin König y Heinz Thorvald. Se cree que podrían haber sido los nombres de dos soldados alemanes cualesquiera, sin relación alguna con el hombre descrito en el libro de Vasily. Tampoco se menciona a un Erwin König en ningún documento alemán. Si este hombre era un oficial de alto rango, como afirmaban Vasily y los soviéticos, encontrar registros de él habría sido fácil. Afirmaban que Erwin había matado a 400 soldados, cuando la cifra más alta de muertes de un francotirador alemán era de 345 y pertenecía a Matthäus Hetzenauer.

Los soviéticos también exageraron los logros de Erwin, haciéndolo parecer un superhombre y no un soldado ordinario. Además, en Alemania no había escuelas de francotiradores, y los alemanes no enviaron a ningún soldado llamado Erwin a Stalingrado.

Entonces, ¿Erwin König existió? Tal vez. Durante la guerra, muchos países recurrían a rumores e historias falsas para crear una imagen dura de sí mismos y asustar a su enemigo. Se cree que esta historia fue muy modificada, contenía información inexacta o ¡no existió en absoluto! El Museo de las Fuerzas Armadas de Moscú afirma que posee la mira telescópica de Erwin, pero no hay forma de demostrar si era suya.

Por otra parte, el historiador militar Antony Beevor investigó exhaustivamente a Erwin y el duelo, descubriendo que todo era propaganda soviética.

No debería importar si esta parte de la historia de Vasily sucediera o no, ya que el hombre era una leyenda con o sin este duelo, y nada ni nadie podía menospreciar sus logros.

Ceguera temporal

En 1943, Vasily y un grupo de 13 francotiradores fueron enviados a interceptar un ataque alemán. Sin embargo, se produjo una colosal explosión de minas que lo dejó herido y ciego. Inmediatamente se envió un avión a su localización, que lo trasladó a un hospital de Moscú. Por suerte para el ejército soviético, la ceguera fue solo temporal y, tras varias operaciones, recuperó la vista y volvió a la batalla.

Escuela de francotiradores de Stalingrado

En los primeros días de la batalla, Vasily mató a unos 40 soldados alemanes. Sus comandantes quedaron tan impresionados con sus logros que le pidieron que entrenara a nuevos francotiradores. Crearon una escuela de francotiradores en Stalingrado, escenario de una de las batallas más sangrientas de la Segunda Guerra Mundial. Vasily enseñó en la escuela hasta que fue herido en 1943.

La escuela denunciaba las consecuencias psicológicas de la guerra para los soldados soviéticos. Vasily sabía de primera mano lo que la guerra podía hacer a la salud mental de una persona, y a menudo hablaba de ello en entrevistas. Quería que su escuela contribuyera a reducir el impacto de la guerra en los soldados soviéticos.

La escuela premiaba al mejor alumno con el fusil de Vasily. Sus alumnos mataron a unos 6000 hombres durante la guerra.

El legado de Vasily

En noviembre de 1942, los soviéticos estaban luchando y a punto de perder Stalingrado, una ciudad que apreciaban mucho. Estaban desesperados y sin esperanzas hasta que ocurrió algo que les levantó la moral y les hizo creer que podían ganar. La llegada de Vasily cambió el curso de la batalla y dio ventaja a los soviéticos.

Al principio de la batalla, nadie conocía las habilidades únicas de Vasily. Durante un contraataque alemán en Stalingrado, muchos soldados rusos perdieron la vida. Vasily y algunos de sus compañeros sobrevivieron. Sin embargo, quedaron atrapados tras las líneas alemanas. Afortunadamente, encontró un fusil, mató a los guardias y escapó con sus hombres.

Los informes de su acto heroico llegaron a sus superiores, que finalmente reconocieron su talento. También se publicó en el periódico de Moscú. Cuando los rusos leyeron sobre la valentía de Vasily, se llenaron de esperanza y creyeron que sus soldados podrían ganar la guerra.

Vasily se convirtió en un símbolo de esperanza y resistencia. El pueblo ruso creía que si un hombre era capaz de estos actos heroicos, entonces todo el ejército también era capaz de grandes cosas.

Tras la guerra, Vasily pasó sus días en Kiev. Estudió en el Instituto de Industria Textil y Ligera. Sus días de guerra quedaron atrás, ya que se convirtió en director de una fábrica de ropa en Ucrania y dirigió una escuela técnica de industria ligera. El 15 de diciembre de 1991, Vasily falleció, dejando tras de sí un importante legado y el recuerdo de un gran soldado dispuesto a morir por su país.

Cuando se habla de soldados, la gente suele centrarse en sus habilidades o en el número de personas que mataron y se olvida del ser humano que hay detrás de estas historias, el que fue testigo de los horrores de la guerra.

Vasily era un guerrero feroz que mataba a sus enemigos sin vacilar. Sin embargo, como a cualquier soldado, esta guerra le pasó factura.

Habló del impacto de la batalla de Stalingrado y de las imágenes de niños muertos que lo atormentaban y hacían temblar a este gran guerrero.

Vasily se convirtió en uno de los héroes más famosos de la historia de Rusia por su valentía y sus tácticas para ganar la batalla.

Aunque la guerra lo convirtió en uno de los soldados más famosos del país, a Vasili no le importaba la fama ni la gloria que esta le proporcionaba. Era un hombre inteligente que tenía claras sus prioridades. Sabía que nada debía anteponerse a su país, así que se centró en su misión.

Cuando piense en Vasily, no lo recuerde como el hombre que mató a más de 200 soldados alemanes ni como la temible figura que los atemorizaba. Vasily era más que eso. Simbolizó la resistencia soviética, la capacidad de recuperación y el espíritu indomable durante una de las batallas más mortíferas de la historia. El resultado habría sido muy diferente si él no se hubiera unido a la batalla.

Vasily nació para ser francotirador. Este hombre estaba destinado a pasarse la vida acechando presas, desde todo lo que aprendió de niño hasta su amor por la caza y la aventura. Se convirtió en un héroe ruso gracias a sus habilidades, tácticas de guerra y devoción a su país. Vasily fue un faro de luz durante las horas más oscuras de la guerra, haciendo creer a la gente que podían superar esos tiempos difíciles. Era el hombre cuyo nombre aterrorizaba a los nazis.

Aunque tuvo una infancia dura, se enfrentó a dificultades en la vida y fue herido en múltiples ocasiones, nunca dejó que nada afectara a su espíritu ni a su amor por su país.

Capítulo 6: Audie Murphy: El más condecorado de América

Audie Murphy fue el soldado más condecorado de la Segunda Guerra Mundial. La historia de su vida es una visión inspiradora de cómo despreciar tu seguridad en beneficio de los demás. Muchas de las valerosas acciones de Murphy consistieron en liderar desde el frente para salvar a las personas bajo su mando. Desde su infancia, ganando dinero y cazando para cuidar de sus hermanos, hasta su ascenso como soldado, Murphy siempre vivió su vida desinteresadamente.

Audie Murphy fue el soldado más condecorado de la Segunda Guerra Mundial
https://commons.wikimedia.org/wiki/File:Audie_Murphy_uniform_medals.jpg

Se lo describía como pequeño y de tez grisácea y enfermiza, probablemente debido a su mala educación y desnutrición. A simple vista, nunca se adivinaría que este héroe podía moverse con rapidez y sin miedo por el campo de batalla. Este hábil tirador se movía por el frente con una valentía inigualable. Este «gigante» de 1,65 metros se erigió como un héroe entre héroes, alcanzando una grandeza sin parangón dentro y fuera del campo de batalla.

La defensa de la salud mental de Murphy allanó el camino para una comprensión más profunda del TEPT (trastorno de estrés postraumático). Este valiente hombre no tuvo miedo de mostrar su vulnerabilidad en beneficio de otros veteranos que necesitaban ayuda. En una época en la que la salud mental de los soldados se ignoraba o era tabú hablar de ella, Murphy rompió moldes y alertó a la opinión pública sobre los efectos a largo plazo de la guerra. Sus innumerables medallas y su incansable labor en favor de los veteranos hicieron de Audie Murphy uno de los más grandes guerreros que han pisado el planeta. La vida de Audie Murphy simboliza que, independientemente de lo que la gente piense de uno o de sus limitaciones físicas y mentales, uno puede conseguir cualquier cosa si se inspira en algo más importante que él mismo. Su resistencia a rendirse y su duro trabajo lo situaron muy por delante de muchos que tuvieron un mejor comienzo en la vida que él.

Infancia, alistamiento y rechazo

El destino de Murphy de convertirse en una de las figuras más importantes de la Segunda Guerra Mundial y en una superestrella de Hollywood no podría haberse predicho basándose en sus humildes comienzos. Nació en una granja de aparceros de Texas en 1924, hijo de Emmett y Josie Bell Murphy, de ascendencia irlandesa. El joven comprendió el trabajo duro desde muy pequeño, ya que el sol tejano le pegaba en la nuca mientras recogía algodón por un dólar al día. Murphy nunca terminó la escuela y quedó huérfano a los 16 años. Al crecer, no tenía mucho, pero sus padres hicieron lo mejor que pudieron. Desde pequeño, Murphy tuvo que contribuir al hogar, lo que le enseñó un profundo sentido de la responsabilidad.

Además, Murphy creció en el sufrimiento, lo que le permitió prosperar en los entornos horribles y atrozmente difíciles de la guerra. Era el sexto de 12 hermanos, nueve de los cuales sobrevivieron hasta la edad adulta. Después de la guerra se reuniría con sus tres hermanos pequeños, a los que acogió bajo su tutela. La destreza militar de Murphy solo era comparable a su gran corazón, que ocultaba bajo un duro exterior.

Murphy era un maestro con el rifle cazando piezas pequeñas, como la mayoría de los granjeros de su época. Su destreza en la caza a menudo ponía comida en la mesa, por lo que su familia fomentaba su habilidad. Además de trabajar en una plantación de aparcería, Murphy trabajaba en un almacén general y en una gasolinera en Greenville, Texas. El padre de Murphy había abandonado a la familia, y su madre falleció trágicamente en 1941. El joven de 16 años se vio obligado por las circunstancias a buscar empleo, lo que lo llevó a trabajar diligentemente en un taller de reparación de radios. La muerte de su madre fue devastadora para el adolescente porque dividió a su familia, y tres de sus hermanos menores se vieron obligados a vivir en un orfanato. Los demás fueron a vivir con parientes dispuestos a acogerlos.

Puede que Murphy no reconociera el sufrimiento de sus primeros años de vida, pero su notable carácter se fortaleció bajo el calor de la adversidad. Murphy se había acostumbrado a las dificultades, por lo que no necesitó ningún periodo de adaptación para abrazar los extremos de la guerra. Su vida fue una batalla cuesta arriba desde una edad temprana, por lo que tuvo que luchar por sobrevivir. Su espíritu gigantesco y resistente empequeñecía la pequeña estatura física de Murphy. No mucha gente podría pasar por lo que vivió Murphy y salir más decidida y centrada. Algunas personas se quiebran bajo presión. Murphy prosperaba en ella.

Los retos de la vida pesaban sobre los hombros de este joven de talento. La única salida que se le ocurrió fue alistarse en el ejército. Murphy era bajito, medía 1,65 m, y sus orígenes pobres nunca le permitieron ganar altura, por lo que solo pesaba 50 kilos. Su estatura y su peso hicieron que fuera rechazado para alistarse en los Marines y los paracaidistas. A los 17 años, finalmente se alistó en el ejército de EE. UU. falsificando sus documentos y declarando que era un año mayor. Tras el agotador entrenamiento básico en Camp Wolters (Texas), el joven y entusiasta militar completó el entrenamiento avanzado en Fort Meade. Tras completar la instrucción avanzada, fue destinado al 15º Regimiento de la 3ª División de Infantería en el norte de África.

Murphy estaba muy infravalorado, y muchos se preguntaban si sería un soldado capaz. El comandante de su compañía quería que se entrenara para ser cocinero y panadero, pero Murphy insistió en que quería ver el combate activo. Creía en sus capacidades y se sentía más preparado para el frente. El tiempo daría la razón a Murphy, quien se convirtió en el soldado más condecorado de la guerra. Su aguerrida valentía no podía reproducirse porque había sido criado en una vida de dificultades. En África, Murphy nunca entró en acción, pero su estancia allí contribuyó a su crecimiento general como soldado. Las extensas maniobras de entrenamiento con su regimiento lo prepararon para los intensos combates a los que se enfrentaría.

Notables actos de valor

En su primera experiencia de combate, Murphy demostró que el comandante de su compañía había tomado la decisión correcta al permitirle entrar en combate. En 1943, durante la invasión para liberar Sicilia, Murphy hizo gala de las dotes de tirador que había ido perfeccionando cazando piezas de caza menor desde su infancia. Murphy luchó en la campaña del río Voltuno y formó parte de las fuerzas aliadas que se abrirían paso hasta Roma. Ascendió rápidamente de rango a medida que los oficiales resultaban heridos o eran trasladados a otras zonas. Sus habilidades fueron finalmente reconocidas al demostrar que estaba listo para la batalla.

La primera condecoración que recibió Murphy fue la Medalla de Honor, la más alta condecoración que puede recibir una persona en las Fuerzas Armadas de Estados Unidos. La condecoración se remonta a la guerra de Secesión estadounidense y ha tenido varias iteraciones hasta la versión Gillespie de 1904 que recibió Murphy. En enero de 1945, los alemanes intentaron recuperar la región boscosa de Bois de Riedwihr, cerca de Holzwihr, en Francia, de gran valor estratégico. Los intimidantes alemanes marcharon amenazadoramente hacia el bosque con soldados de infantería y seis tanques de última generación.

Tras resultar herido un oficial, Murphy tomó el mando de la compañía B. Murphy solo contaba con 18 hombres para hacer frente a la aterradora fuerza alemana que se acercaba rápidamente. Tenía a su disposición dos tanques M10, muy inferiores al blindaje alemán, y fuego indirecto de artillería como apoyo. En un acto desinteresado de heroísmo, Murphy ordenó a sus hombres que se retiraran mientras él se quedaba para dirigir el fuego de artillería utilizando un teléfono. Los alemanes alcanzaron directamente a un tanque, dejándolo fuera de combate al principio de la batalla. Murphy permaneció de pie encima del tanque, disparando a los alemanes entre llamada y llamada para dirigir la artillería. Una vez que el teléfono quedó destrozado, todo lo que quedaba era un hombre y su ametralladora. Los alemanes no sabían de qué dirección venían las balas, por lo que era difícil inmovilizarlo. Tras sufrir demasiadas bajas, los alemanes se retiraron. Un solo soldado fue capaz de detener a la infantería bien equipada con sus tanques, lo que le valió a Murphy la Medalla de Honor.

La siguiente condecoración que obtuvo Murphy fue la Cruz de Servicios Distinguidos, un premio al valor justo por debajo de la Medalla de Honor. En agosto de 1944, el 1er Batallón del 15º Regimiento de Infantería y la 3ª División de Infantería iniciaron una primera oleada de ataque en el sur de Francia. El pelotón de Murphy avanzó sobre una colina donde estaban apostados los combatientes enemigos. Murphy, preocupado por la seguridad de sus hombres, les ordenó que se quedaran atrás mientras él avanzaba para determinar si el enemigo obstruía su camino. Armado con una carabina M-1, Murphy se adelantó para descubrir las posiciones enemigas. Disparó y mató a dos soldados enemigos antes de retirarse colina abajo porque se había quedado sin munición. Agarró una ametralladora de uno de sus tripulantes, que estaba muerto de miedo, incapaz de continuar colina arriba. Disparó contra más trincheras alemanas, destruyendo sus posiciones.

Una vez agotada la munición de la ametralladora, volvió a bajar la colina para coger de nuevo su carabina. Esta vez, su camarada Lattie Tipton convenció a Murphy para que lo dejara ayudarle. Recibieron un intenso fuego de ametralladoras, y Tipton murió trágicamente en el combate. Murió por la bala de un cobarde que agitó una falsa bandera de rendición para atraer al engañado Tipton. Antes de que Murphy tuviera la oportunidad de detener a su amigo, ya era demasiado tarde. En un arrebato de rabia incontrolable, Murphy destrozó por completo a los artilleros restantes con justa indignación. Murphy cargó con el difunto Tipton colina abajo, consumido por la desesperación.

La siguiente condecoración que recibió Murphy fue la Estrella de Plata con Hoja de Roble. En octubre de 1944, el teniente coronel Michael Paulick, el teniente coronel Keith L. Ware, el capitán Paul Harris y cuatro soldados más se dirigieron al frente de Cleurie Quarry para identificar dónde se ocultaban los ametralladores alemanes porque obstaculizaban la capacidad de avance del batallón. El fuego de las ametralladoras causó varias bajas. Murphy no estaba satisfecho con este plan y les advirtió que los francotiradores y artilleros ocultos causarían problemas. Cuando se marcharon, Murphy los siguió en secreto a unos

25 metros.

Como Murphy esperaba, los ametralladores abrieron fuego contra el grupo. Gritó sus nombres para hacerles saber que pensaba salvarlos y que podían ponerse a cubierto. El ametrallador se volvió hacia Murphy, pero su arma se enganchó en un arbusto, haciéndole fallar. Murphy aprovechó el error y lanzó un par de granadas antes de disparar y matar a dos alemanes. Mató a otros dos e hirió a tres. Otro soldado intentó huir, pero Murphy lo vio y lo mató.

Tres días después, Murphy ganó otra Estrella de Plata. Condujo a su pelotón de 72 hombres por una colina al norte de Cleurie, a lo largo del lecho seco de un arroyo. Los soldados alemanes se escondieron junto al arroyo y, al ver al pelotón, abrieron fuego con ametralladoras y rifles de francotirador. Los alemanes mataron a siete hombres. Los otros pelotones que formaban parte de la compañía permanecieron ocultos y esperaron a que Murphy proporcionara información. El pelotón de Murphy avanzó, intentando permanecer a cubierto, pero nadie sabía de dónde venían las balas. Finalmente, Murphy ordenó a sus hombres que permanecieran a cubierto mientras él avanzaba solo. Vio a los ametralladores y francotiradores abriendo fuego contra ellos. Utilizó su *walkie-talkie* para llamar al fuego indirecto sobre sus posiciones expuestas. Los alemanes que intentaron ponerse a cubierto fueron eliminados rápidamente. Murieron 15 alemanes y 35 resultaron heridos. Murphy, una vez más, demostró el poder de la acción individual.

Tras recibir sus dos Estrellas de Plata, Murphy recibió otra condecoración militar, la Legión al Mérito. La medalla se le concedió por su excepcional actuación sobre el terreno en Italia y Francia. Esta condecoración se concedió más por sus logros generales que por una batalla específica. Recibió la condecoración porque completó sin miedo sus misiones con habilidades de élite sin importarle el peligro. La condecoración le fue entregada por el general Alexander M. Patch en Austria el 2 de junio de 1945. El mismo día recibió la Medalla de Honor y la Legión del Mérito. Murphy tenía una lista interminable de condecoraciones adicionales, entre ellas una Estrella de Bronce, un Corazón Púrpura, una Medalla al Servicio Civil Destacado, una Medalla a la Buena Conducta y una Medalla del Ejército de Ocupación, todas ellas en total más de 30.

Luchas mentales y físicas

Aunque tuvo una educación dura, los horrores de la guerra marcaron tremendamente a Murphy. A diferencia de muchos otros soldados que intentaban mantener una fachada de dureza, Murphy habló abiertamente de sus problemas mentales. Murphy sufría un trastorno de estrés postraumático, todavía hoy común en los soldados que regresan del combate activo. Todas las condecoraciones que Murphy recibió no pudieron salvarlo de las persistentes torturas del combate, ni siquiera después de terminada la guerra. Describió cómo carecía de paz interior, se sentía irritado en las multitudes y en constante conflicto sobre si necesitaba compañía o quería estar solo. Era casi como un fantasma andante que tenía que fingir ser humano. Murphy estaba perdido en la sociedad después de haber sido profundamente cambiado por la guerra.

En la Segunda Guerra Mundial, el TEPT se conocía como «fatiga de batalla», y en la Primera Guerra Mundial, como «neurosis de guerra». Ambos nombres denotan el mismo fenómeno porque ninguna persona viva está destinada a soportar la muerte y la destrucción que conlleva directamente una guerra. A medida que avanza la investigación psicológica y científica, se sabe más sobre el TEPT. Por desgracia, en los años que siguieron a la Segunda Guerra Mundial, poco se sabía sobre esta enfermedad y nadie sabía cómo tratarla. Murphy tuvo que soportar el tormento mental hasta su muerte.

Incluso hoy en día, el TEPT es un problema común que sufren muchas personas. En Estados Unidos, alrededor del 7% de la población padece este trastorno, muchos de los cuales son veteranos que recurren al abuso de sustancias (Smith, 2015). Es necesaria una mayor concientización sobre este trastorno porque muchos no reciben la ayuda que merecen: muchos veteranos acaban sin hogar en la calle debido, en gran parte, a un TEPT no tratado. Por lo tanto, el gobierno tiene que poner mucho más empeño en garantizar el bienestar de las personas en servicio, a menudo olvidadas después de jugarse la vida para servir a su país.

El TEPT de Murphy se manifestaba con muchos síntomas físicos, como insomnio y vómitos. Las pesadillas de la guerra lo atormentaban constantemente. El TEPT lo hizo adicto a los somníferos. Tras dejar el hábito, se dio cuenta de que no era el único soldado que sufría TEPT y adicción. Murphy detestaba que el gobierno se limitara a dar una pensión a sus soldados y los enviara de vuelta a casa sin hacer nada por remediar el impacto negativo de su estado mental. Se convirtió en un defensor a ultranza de proporcionar a los veteranos una atención adecuada. El activismo de Murphy fue revolucionario en su época porque era de mala educación hablar de la guerra en tiempos de paz, y muchos consideraban una invasión de la intimidad preguntar a los soldados por sus experiencias en combate. Su heroísmo desinteresado se extendió más allá del campo de batalla, ya que se esforzó por crear una vida mejor para sus hermanos de armas.

El detalle con el que Murphy describió sus luchas ilustró a gran parte del público sobre la dura realidad de la guerra. Habló de cómo la guerra destruye mental y físicamente. No podía emocionarse por nada y permanecía en una paranoia constante. Murphy dormía con una pistola a su lado e incluso una vez apuntó con ella a su mujer, lo que provocó su divorcio en 1951.

Memorias y Hollywood

Tras su paso por la guerra, Murphy se convirtió en un actor de éxito que protagonizó más de cuarenta largometrajes. Su atractivo y juvenil aspecto lo convirtieron en el protagonista perfecto. Sin embargo, aún se lo recuerda principalmente como el soldado más condecorado de la Segunda Guerra Mundial. El guionista y veterano de Hollywood David McClure animó a Murphy a escribir unas memorias sobre sus experiencias durante el combate activo. Murphy siguió su consejo y consiguió un contrato para escribir un libro con Henry Holt and Co. con McClure como escritor fantasma.

El libro se llamaba To Hell and Back (*Regreso del infierno*). Pero escribirlo fue frustrante y tedioso. Murphy, introvertido y con trastorno de estrés postraumático, tenía dificultades para hablar de los detalles más sutiles de sus experiencias, lo que molestaba a McClure, que quería escribir el mejor libro posible. Murphy escribió alrededor del 10% del libro, y McClure terminó el resto basándose en citas de medallas para obtener los hechos. También utilizó el popular libro de Donald Taggart titulado «Historia de la Tercera División de Infantería en la Segunda Guerra Mundial».

Murphy y McClure volverían a visitar algunos lugares donde se produjeron intensas batallas que eran esenciales para la historia de Murphy. Conseguir que Murphy hablara en detalle era como arrancarle una muela sin anestesia. Sin embargo, a veces se adentraba en los aspectos más sutiles de la historia de su vida, lo que añadía autenticidad al libro. Murphy rechazó los primeros intentos del libro, lo que a menudo disgustó a McClure, que estaba haciendo todo lo posible en una situación difícil.

El libro no tarda en sumergirse en la acción, empezando por su introducción al combate en Sicilia. Capta la intensa violencia, el miedo y la incertidumbre que se vivían en el fragor de la batalla. El libro de 300 páginas, de fácil lectura, fue posteriormente llevado al cine en 1955, donde Murphy se interpretó a sí mismo como protagonista. El libro no destaca como una de las mejores obras de la Segunda Guerra Mundial, pero la película se considera un clásico. Audie Murphy no creía que sus dotes como actor fueran las mejores, pero siguió con su carrera porque no podía sobrevivir únicamente con una pensión militar.

A los 46 años, Murphy murió en un accidente aéreo. Fue enterrado en la sección 46, frente al anfiteatro conmemorativo. Debido al gran número de personas que presentaron sus respetos a Murphy, se construyó una pasarela de losas.

Capítulo 7: Raoul Wallenberg: El salvador sueco

Este capítulo trata de navegar por las complejidades de la Hungría ocupada por los nazis, centrándose en la misión humanitaria de Raoul Wallenberg para salvar a su perseguida población judía. El presente capítulo, tras presentar a Wallenberg, un diplomático sueco sin conexión alguna con Hungría, subrayando el alcance internacional de sus esfuerzos, esboza su innovador uso de los «pasaportes protectores».

Wallenberg desempeñó un papel vital en el establecimiento de casas seguras bajo protección sueca, que se convirtieron en santuarios para miles de judíos

https://commons.wikimedia.org/wiki/File:Raoul_Wallenberg_214082a.jpg

---

Además, aprenderá sobre el papel de Wallenberg en el establecimiento de casas seguras bajo protección sueca, que se convirtieron en santuarios para miles de judíos. Destacando los audaces enfrentamientos de Wallenberg con oficiales alemanes y húngaros, incluso cuando intervino valientemente en deportaciones y marchas de la muerte, este capítulo también detalla las alianzas estratégicas que formó con otros diplomáticos y movimientos clandestinos para amplificar sus esfuerzos de rescate. Por último, conocerá la misteriosa desaparición de Wallenberg en enero de 1945 tras ser detenido por las autoridades soviéticas.

Los primeros años

Nacido en el seno de dos distinguidas familias en 1912 en Estocolmo, Raoul Wallenberg era hijo de Maj Wising, hija de un destacado neurólogo, y de su padre, también llamado Raoul Wallenberg, un célebre oficial de la marina. Sin embargo, su padre murió antes de que él naciera, y su madre se volvió a casar poco después. Aunque estaba muy unido a su madre, su padrastro y sus hermanastros, Raoul vivió con sus abuelos paternos durante sus primeros años. Su abuelo, Gustav Wallenberg, embajador sueco en Japón, se ocupó de la educación del joven Raoul. Deseoso de liberar a su nieto de la estrecha visión del mundo de la acaudalada sociedad sueca de principios del siglo XX, Gustav se propuso hacer de él un ciudadano del mundo. Sin embargo, esperaba que Raoul se embarcara en un viaje para continuar la tradición familiar y convertirse en político o banquero cuando terminara su educación temprana y sus exploraciones por el mundo. Al terminar la enseñanza secundaria y la formación militar obligatoria en Suecia, Raoul fue enviado a Francia durante un año para que dominara el francés (ya hablaba alemán, ruso e inglés). Después, Gustav envió a Raoul a Estados Unidos a estudiar arquitectura, pues quería que su nieto absorbiera la practicidad de la cultura estadounidense (ya que no tenía intención de dedicarse a la banca o la política).

Tras graduarse en 1935 con honores, Raoul regresó a Suecia con la intención de trabajar como arquitecto. Sus planes se estropearon cuando se enteró de que su título estadounidense no estaba reconocido en Suecia, por lo que viajó a Sudáfrica, donde trabajó durante seis meses. Se trasladó luego a un banco de Palestina, donde trabajó para un banquero judío de los Países Bajos, amigo de Gustav (el mayor de los Wallenberg aún esperaba que su nieto se incorporara al negocio familiar). Fue aquí donde Raoul se enfrentó por primera vez al creciente antisemitismo. A través de su mentor holandés, conoció a numerosos refugiados judíos que volaban a Palestina desde Alemania y otros países. Le asombró saber que algunos de estos refugiados pertenecían a familias adineradas y que, después de que el régimen nazi los despojara de sus derechos, perdieron su estatus y ya ni siquiera se les consideraba personas.

Esfuerzos diplomáticos

Cuando Gustav Wallenberg murió en 1937, Raoul perdió a su padrino, mentor y confidente. Durante los cuatro años siguientes intentó crear dos empresas, sin éxito. Mientras tanto, no podía olvidar el calvario de los judíos en Alemania e intentó ayudar a los refugiados en Suecia. Finalmente, en 1941, a través de Jacob Wallenberg, su tío y padrino, consiguió empleo en la Central European Trading Company. La empresa era propiedad de Kalman Lauer, un judío húngaro, que vio una inmensa oportunidad en emplear a Raoul en su empresa de exportación e importación. Después de todo, el joven Wallenberg podía viajar libremente por Europa y dominaba varios idiomas, mientras que Lauer se encontraba con diferentes dificultades cuando intentaba vender productos en Europa Central. Wallenberg no tardó en convertirse en director internacional de la empresa y socio comercial de Lauer. Sus viajes de negocios llevaron a Wallenberg a varios países europeos, entre ellos Francia, Alemania (ambos ocupados por los nazis) y Hungría. Mientras hacía negocios en Alemania, Wallenberg aprendió los entresijos de la burocracia alemana, información que le sería muy útil en el futuro. En Hungría encontró un país que llegó a amar, por lo que se sintió conmovido por los acontecimientos que siguieron.

Los alemanes invaden Hungría

Después de que los nazis ocuparan Hungría el 19 de marzo de 1944, el gobierno húngaro entregó a 450.000 judíos que vivían en el país. Adolf Eichmann, el oficial enviado para supervisar la deportación de judíos en Hungría, trabajó diligentemente para enviarlos a los campos de exterminio nazis. Mientras empezaba a recoger judíos en el campo, se fue abriendo camino poco a poco hasta la capital, Budapest, donde las familias judías adineradas residían en una comunidad fuerte. Decidido a eliminar a todos los judíos húngaros de la faz de la tierra, Eichmann se centró en las familias que vivían en Budapest. En un intento tardío de detener a Eichmann, el gobierno estadounidense envió a Estocolmo a su representante en la Junta de Refugiados de Guerra, Iver Olsen. Tras una negociación improvisada entre el Congreso Judío Mundial, el Ministerio de Asuntos Exteriores sueco y la Junta Estadounidense para los Refugiados de Guerra, se decidió que Suecia enviaría a un diplomático para supervisar el rescate de las familias judías en la capital húngara. Solo tenían que encontrar al hombre adecuado para el trabajo.

Olsen recibió el encargo de buscar a alguien que pudiera viajar a Hungría, hablara alemán y húngaro, que estuviera dispuesto a arriesgar su vida violando la ley militar alemana y yendo en contra de los grandiosos planes de Hitler para completar el proyecto que él llamaba «solución final». Tras un encuentro casual con Kalman Lauer, Olsen se enteró de que Raoul Wallenberg podría ser el hombre que estaba buscando. Le hizo una oferta a Wallenberg, que no dejó pasar la oportunidad de marcar la diferencia.

Comienza la heroica labor en Hungría

El 9 de julio de 1944, Raoul Wallenberg llegó a Hungría como diplomático de la embajada sueca en Budapest. Sin embargo, mientras que otros funcionarios suecos estaban sujetos a fuertes restricciones, él insistió en tener más libertad, algo que sin duda necesitaba dado el trabajo que estaba a punto de emprender. Para entonces, la legislación sueca y otras legislaciones neutrales expedían pasaportes provisionales en toda Europa. Pero los judíos también necesitaban otros medios de ayuda, especialmente en Hungría. Olsen encargó a Wallenberg que ayudara a acelerar el proceso de provisión de estas medidas. Tras la insistencia del rey Gustavo V de Suecia, los alemanes dejaron de utilizar trenes de deportación en Hungría, pero siguieron transportando a los judíos a campos de trabajo en la frontera austriaca por otros medios. Unas semanas antes de que Wallenberg llegara a Hungría, Valdemar Langlet, un trabajador de la Cruz Roja sueca, pasó a formar parte de la red de protección establecida por la legación sueca. Alquilando edificios en nombre de la Cruz Roja y disfrazándolos de institutos de investigación, bibliotecas y otras instalaciones públicas, Langlet creó espacios seguros para los judíos que huían de los intentos de deportación nazi.

El primer paso de Wallenberg tras llegar a Budapest fue establecer una oficina y contratar a 400 personas para que trabajaran para él. Todos eran judíos, y se les ordenó que se quitaran las tradicionales estrellas amarillas que llevaban (ya que esto podría identificarlos fácilmente como judíos). Ahora estaban bajo protección diplomática sueca, pero seguían en peligro ante los nazis. Este paso fue solo la primera parte del notable trabajo que Wallenberg realizó durante los seis meses siguientes en un intento de salvar a los judíos que quedaban en Hungría.

A continuación, Wallenberg imprimió el *Schutzpass*, un pasaporte sueco especial que acabó salvando la vida de decenas de miles de judíos en Budapest. Conociendo la debilidad de la burocracia alemana por el simbolismo, Wallenberg diseñó el pasaporte como un documento colorido, de aspecto oficial, con mucho azul y amarillo, los colores tradicionales suecos. Añadió el escudo sueco en el centro, así como las firmas y sellos correspondientes. A pesar de su falta de experiencia en diplomacia y de autoridad para conceder inmunidad a nadie (y de haber creado un documento falso), Wallenberg convenció al Ministerio de Asuntos Exteriores húngaro para que aprobara la impresión de 4.500 *Schutzpasses*. Él mismo ya había impreso mil copias y luego imprimió tres veces más de lo aprobado. Distribuyó los pasaportes a los judíos, afirmando que otorgarían a su titular inmunidad frente a la deportación.

Financiado por el gobierno estadounidense, Wallenberg alquiló 32 casas en Budapest y las puso bajo la protección de la inmunidad diplomática sueca. Este fue el esfuerzo continuado de su labor de ayuda, ya que estas propiedades se convirtieron en refugios seguros para los judíos húngaros en peligro. Los refugiados encontraron refugio y protección bajo legislación neutral en estas llamadas «casas suecas» (que pertenecían a la misma red de socorro que utilizaba Valdemar Langlet). Se les daban pasaportes, indicaciones, orientación y fondos para viajar a otro territorio neutral si lo deseaban.

En los meses siguientes, decenas de miles de judíos encontraron consuelo en las casas alquiladas por Wallenberg. Su formación arquitectónica en Estados Unidos contribuyó significativamente al éxito de este esfuerzo. Wallenberg sabía cómo diseñar un edificio en el que cupieran muchas personas en un espacio reducido, por lo que no tuvo ningún problema en alojar a 35.000 refugiados en un edificio en el que solo cabía la séptima parte de esa cantidad. A medida que aumentaba el número de personas que solicitaban refugio y pasaportes, Wallenberg agilizó el proceso de impresión y diseñó una versión simplificada del documento. El nuevo pasaporte solo llevaba su firma. Para entonces, todo el mundo en la comunidad diplomática judía y húngara conocía el nombre de Wallenberg. Las condiciones en el país eran caóticas, así que pudo hacer pasar fácilmente este pasaporte falso por un documento oficial.

Un renombrado profesor de la Universidad de Michigan, Andrew Nagy, se salvó gracias a los esfuerzos de Raoul Wallenberg. Nagy, que se alojaba en una casa segura con su madre, fue testigo de cómo los residentes de su casa vecina eran sacados de sus camas y ejecutados a orillas del río Danubio en la Nochebuena de 1944. Según otros informes de testigos, los nazis tenían la peculiar práctica de atar a tres personas juntas y fusilar solo a la del medio en la orilla del Danubio. Cuando la persona muerta caía al río, las otras dos caían con ella al agua helada y posteriormente se congelaban o se ahogaban. Cuando Wallenberg se enteró de esta práctica, reclutó a algunos buenos nadadores entre su numeroso personal voluntario y los llevó al Danubio. Saltaron al agua helada del río y buscaron supervivientes. Utilizando este extraordinario método en varias ocasiones, rescataron a entre 50 y 60 personas, liberándolas de sus ataduras y sacándolas del agua.

Todos estos esfuerzos dejaban a Wallenberg con no más de 3-4 horas de sueño por noche. No le importaba porque su conciencia no lo dejaba dormir tranquilo, sabiendo que se ejecutaba a gente y no haciendo todo lo posible por evitarlo. Con el tiempo, se convirtió en una inspiración para los diplomáticos suecos y para todos los que estaban en misión humanitaria en los países ocupados por los nazis en toda Europa. Los neutrales suizos y los trabajadores de la Cruz Roja destacaban su audacia, mientras que los que trabajaban activamente del lado de Wallenberg lo consideraban el hombre más valiente que habían conocido. Sin embargo, aquellos para los que su trabajo significó más fueron aquellos que perdieron la esperanza y creyeron que estaban condenados, al ser testigos de la caída de los miembros de su comunidad. Gracias a Raoul Wallenberg, encontraron la esperanza y confiaron en que sobrevivirían al cruel destino que les habían impuesto los nazis.

La vida de Wallenberg en peligro

Como Wallenberg no podía ocultar su actividad a los nazis, recurrió a métodos inusuales para asegurarse de que los oficiales alemanes no obstaculizaran sus objetivos. Estos incluían sobornar, acosar, confrontar y manipular a los oficiales alemanes y húngaros para que pasaran por alto sus intentos de rescatar a los judíos. Estos métodos indujeron un gran escepticismo en otros diplomáticos neutrales, pero cuando se dieron cuenta de lo eficaces que eran, se disiparon todas las dudas sobre si Wallenberg estaba haciendo lo correcto.

Adolf Eichmann, que se enteró de sus métodos, lo bautizó como «el perro judío Wallenberg», expresando así su desdén por la labor del salvador sueco. Hacia el invierno, Wallenberg se dio cuenta del peligro que corría su vida y cambió con frecuencia de residencia. Hubo varios intentos de matarlo, incluso cuando su vehículo fue bombardeado.

Tras enterarse de la inminente llegada de las tropas soviéticas y de la amenaza sobre las fuerzas alemanas, estas aceleraron sus esfuerzos por liquidar a los judíos húngaros. A mediados de noviembre de 1944, Eichmann ordenó que miles de judíos fueran conducidos fuera de Hungría a pie. Apoyados por los nazis húngaros, los oficiales alemanes se reunieron en la mayor comunidad judía, preparándose para fusilar a todos. Una vez más, Wallenberg intervino, convenciendo al comandante alemán al mando para que suspendiera la masacre pendiente. Para entonces, Hitler estaba a punto de ser derrotado, así que cuando Wallenberg dijo a los nazis que el ataque les acarrearía la pena de muerte por crímenes contra la humanidad una vez finalizada la guerra, le creyeron. Se calcula que al impedir el atroz asalto, Wallenberg salvó 70.000 vidas aquel día. Les proporcionó refugio, medicinas, alimentos y pasaportes.

A principios del año siguiente, las fuerzas soviéticas llegaron a Hungría. Además, mientras los alemanes huían de Hungría, los nazis locales permanecían y recorrían las calles de Budapest en busca de judíos para matarlos. Esto duró dos meses (se perdieron numerosas vidas a manos de los fanáticos nazis húngaros) hasta que las tropas soviéticas ocuparon la ciudad. Mientras tanto, Raoul Wallenberg aprendió a hablar ruso, con la esperanza de establecer una alianza con los líderes soviéticos y obtener su ayuda para rehabilitar la demolida sociedad de la ciudad.

Desaparición y posible muerte

En la mañana del 17 de enero de 1945, un numeroso grupo de oficiales soviéticos llamó a la puerta de Wallenberg. Utilizando su primitivo ruso, Wallenberg explicó el alcance de su trabajo y pidió a los oficiales que lo condujeran ante sus superiores para poder explicarles más cosas. Lo llevaron al cuartel general soviético en Budapest, donde pasó la noche, tras lo cual le ordenaron volver a casa, recoger sus pertenencias y dejar que los soviéticos lo escoltaran. Recogió tranquilamente sus pertenencias, asegurando a sus compañeros que conseguiría la ayuda que necesitaban y que volvería en una semana. Nunca se lo volvió a ver con vida. Según algunas fuentes, Wallenberg metió el plan de reconstrucción (después de haber trabajado en él intensamente durante los dos últimos meses) en su maletín, llevándoselo en este último viaje. Hasta la fecha, nadie sabe por qué fue detenido en lugar de permitirle esbozar su plan. Algunos afirman que los soviéticos pudieron creer que era un espía estadounidense. Otros suponen que su conexión con políticos alemanes y húngaros (que solo utilizaba para labores de ayuda) fue el motivo de su detención.

No está claro qué le ocurrió después de su detención. En abril de 1945, las autoridades suecas se enteraron de la desaparición de Wallenberg e investigaron. Tras ser preguntadas por su paradero, las autoridades soviéticas afirmaron que Wallenberg no estaba en su poder. Sin embargo, prisioneros suecos liberados de la Unión Soviética a principios de 1950 afirmaron haber visto a Wallenberg en una prisión de Moscú. Con renovados esfuerzos por encontrar a su compatriota, los suecos presionaron a los soviéticos para obtener una respuesta. En 1957, las autoridades soviéticas afirmaron que Raoul Wallenberg había sido detenido y había muerto en prisión en julio de ese mismo año, pero nunca explicaron los motivos de su detención. Aunque algunos afirman que vivió mucho más tiempo en prisión, las autoridades soviéticas emitieron un informe (basado en un documento de la prisión fechado el 17 de julio de 1947) en el que se indicaba que el diplomático sueco murió de un infarto de miocardio tras unos meses de encarcelamiento. Esto levantó aún más sospechas, ya que un infarto se utilizaba a menudo para ocultar la verdadera razón de la muerte de un prisionero. La autenticidad de esta investigación sigue siendo discutida.

Tras más de 30 años de negociaciones entre las fuerzas diplomáticas rusas y suecas, en octubre de 1989 se produjo un gran avance en el caso de la desaparición de Raoul Wallenberg. Se pidió a su familia que viajara a Moscú, donde se les entregó su pasaporte y otras pertenencias. Después de muchos años de investigación conjunta por parte de los gobiernos soviético y sueco, se publicó otro informe sobre el destino de Raoul Wallenberg. Aunque no aclaraba cuestiones clave, como el motivo de su encarcelamiento, los soviéticos admitieron que Wallenberg no murió de causas naturales. No se encontraron más pruebas de lo que realmente le ocurrió y cuándo. Con tantas preguntas sin respuesta, el gobierno sueco se negó a cerrar el expediente del caso Wallenberg. En 2016, la Agencia Tributaria sueca declaró oficialmente muerto a Wallenberg, poniendo como fecha de su fallecimiento el 31 de julio de 1952, cinco años después de su desaparición.

El legado perdurable de Raoul Wallenberg

A pesar de la incertidumbre que rodea su destino, el legado de Raoul Wallenberg sigue vivo. Sus valerosos actos se celebran en todo el mundo como un faro de esperanza y coraje en medio de los capítulos más oscuros de la historia de la humanidad. Al final de la Segunda Guerra Mundial, se rumorea que sus pasaportes protectores salvaron más de 20.000 vidas. Los supervivientes y sus descendientes nunca olvidarán su nombre. Lo recordarán para siempre como un joven con una extraordinaria decisión para actuar en nombre de la humanidad. Más allá de acoger a refugiados judíos, Wallenberg llevó a cabo incansables negociaciones y contribuyó a diversas misiones diplomáticas neutrales, entre ellas los esfuerzos de rescate de la Cruz Roja Internacional y sueca y la nunciatura apostólica.

Wallenberg obtuvo una destacada aclamación internacional, incluido el título de ciudadano honorario de Estados Unidos en 1981. Recibió el mismo título de Canadá, Israel y Australia en 1985, 1986 y 2013, respectivamente. En las décadas posteriores a su desaparición, numerosos monumentos y obras de arte fueron bautizados con su nombre, y su nombre se cimentó en la historia a través de libros, películas, piezas musicales y otras fuentes que honran y detallan sus logros, que hablan de la importancia de luchar contra el racismo. El legado de Raoul Wallenberg sirve como recordatorio de que cada individuo tiene la responsabilidad de adoptar una postura contra los actos discriminatorios y violentos contra otras razas, y sus acciones pueden marcar la diferencia.

Capítulo 8: Nancy Wake: La más buscada de la Gestapo

Los espías desempeñaron un papel influyente durante la Segunda Guerra Mundial. En Francia, apoyaron a los aliados contra la ocupación alemana. Una de ellas fue Nancy Wake, cuya historia se asemeja a una película de James Bond, con operaciones de alto riesgo, recopilación de información, formación de especialistas y tecnología especializada.

Nancy era la espía perfecta gracias a su valentía y espíritu aventurero
https://commons.wikimedia.org/wiki/File:Nancy_Wake_(1945).jpg

Nancy era la espía perfecta gracias a su valentía y espíritu aventurero. Sirvió honorablemente y su papel en la Segunda Guerra Mundial la convirtió en una heroína. Su apasionante historia apareció en la película de 2014 «Nancy Wake: The White Mouse».

En este capítulo se narran las emocionantes aventuras de esta mujer indomable que persiguió a toda Alemania.

La educación de Nancy

Nacida el 30 de agosto de 1912 en Roseneath, Wellington, Nueva Zelanda, Nancy Grace Augusta Wake fue una de las figuras clave de la Resistencia francesa. Era hija del periodista Charles Augustus Wake y de Ella Rosieur. Estaba claro que Nancy tendría una vida interesante desde el momento en que nació. Tras su nacimiento, la comadrona le dijo a Ella que su recién nacida sería una niña muy afortunada y que los dioses siempre la protegerían. Ella siempre le recordaba a su hija esta historia, pero Nancy nunca se sintió afortunada.

Nancy y su familia se trasladaron a Sídney cuando ella tenía unos dos años. Allí pasó su infancia y asistió a la North Sydney Household Arts School. Por desgracia, no tuvo una infancia feliz, y muchos acontecimientos la prepararon para su futuro papel.

Nancy quería y admiraba a su padre, y compartían un fuerte vínculo. Sin embargo, cuando ella tenía cuatro años, él se fue a Estados Unidos por trabajo, pero nunca regresó. Fue desgarrador para la niña, que estaba muy unida a su padre. Este incidente enseñó a Nancy a pensárselo dos veces antes de volver a confiar en nadie.

Su madre, Ella, era una mujer cruel y despiadada. Nunca le dio afecto a su hija y a menudo le decía que no la quería. Aunque Nancy vivía con su madre, nunca sintió que tuviera padres. Se hizo independiente desde muy joven y limpiaba, cocinaba y ganaba su propio dinero, reforzando en ella que podía manejar cualquier cosa por sí misma.

Otro acontecimiento que moldeó la personalidad de Nancy ocurrió cuando tuvo que delatar a su mejor amiga, Jenny, para salvarse. La mirada de traición de Jenny cambió a Nancy para siempre. En ese momento, decidió no volver a traicionar a una amiga.

Nancy no estaba muy unida a sus hermanos, ya que eran mucho mayores que ella y nunca sintió que tuvieran nada en común. Cuando cumplió 16 años, se escapó de casa y trabajó como enfermera con un nombre falso durante dos años. Cuando cumplió 18, regresó a Sydney, donde trabajó en una granja y se mantuvo alejada de su familia.

A la edad de 20 años, la tía de Nancy murió, dejándole una pequeña herencia. Tomó el dinero y viajó a Europa para iniciar el viaje de su vida que cambió su vida e influyó en los acontecimientos de la Segunda Guerra Mundial.

La vida de Nancy en Francia

Nancy viajó primero a Estados Unidos y luego a Londres en 1932, donde estudió periodismo. Su nueva y próspera carrera la llevó a París un año más tarde. Trabajó como periodista en la cadena de periódicos *Hearst*. Informó sobre el ascenso del movimiento nazi, que la dejó enferma y furiosa por la injusticia a la que se enfrentaba el pueblo judío. Su trabajo la llevó a muchos lugares del mundo, como Viena, donde fue testigo directo de la violencia nazi. Le consumía el odio hacia esa gente y juró que, si alguna vez tenía la oportunidad, haría todo lo que estuviera en su mano para acabar con su reino de terror.

En 1936, Nancy se enamoró y se casó con el millonario francés Henri Fiocca. Dejó su trabajo de periodista y disfrutó de un lujoso estilo de vida. Sin embargo, su vida feliz no duró mucho y pronto Nancy lo dejaría todo por el bien común.

En 1940, Alemania invadió Francia, y todo lo que horrorizaba a Nancy estaba ahora cerca de casa. Era la oportunidad que había estado esperando para detener a los nazis. Ella y su marido se unieron a la Resistencia francesa y Nancy se convirtió en su mensajera, el comienzo de su vida como espía. Llevó mensajes y piezas de radio avanzadas de la Resistencia francesa a los partisanos secretos.

Como era la esposa de uno de los hombres más ricos del país, nadie sospechaba que se uniría a la resistencia y se convertiría en espía. Las esposas de los hombres ricos eran vistas como mujeres mimadas y despreocupadas. Este estereotipo, aunque injusto, fue una excelente tapadera para Nancy y le ayudó a evitar que la descubrieran. Así que, cuando alguien sospechaba de ella o se encontraba en una situación difícil, recurría a su belleza y a su astuta personalidad. Coqueteaba con los guardias alemanes para pasar los controles. En una entrevista dijo que ser mujer le daba ventaja. Para una mujer era fácil librarse de los problemas con un guiño y un poco de polvo.

La resistencia quedó muy impresionada con el trabajo de Nancy y dependió de ella en múltiples misiones. Aprovechó su posición privilegiada y pidió a su marido que le comprara una ambulancia, que utilizó para trasladar a refugiados judíos, pilotos aliados y supervivientes de Dunkerque a pisos francos hasta que pudieran organizar su traslado a España. Nancy creó identidades y documentos falsos para ayudarse en su vida de espía.

Pronto se convirtió en la principal espía de la resistencia. Como resultado, llamó la atención de la policía alemana, también conocida como la Gestapo. Utilizó sus diferentes identidades y su inteligencia para evadirlos. Estuvieron a punto de atraparla varias veces, pero siempre conseguía escapar. Una vez, la Gestapo la tenía rodeada y le disparó, pero ella escapó. Intervinieron su teléfono y vigilaron todos sus movimientos, pero ella siempre iba un paso por delante de ellos. Su capacidad de evasión le valió el apodo de «ratón blanco».

Nancy se convirtió en la número uno más buscada por la Gestapo con un precio por su cabeza de cinco millones de francos. La vida se volvió muy peligrosa para Nancy, por lo que la resistencia pensó que era más seguro para ella ir a Gran Bretaña. Sin embargo, el viaje fue peligroso.

La dramática huida de Nancy

Nancy dejó atrás a su marido para escapar a Gran Bretaña. Planeó cruzar los Pirineos, pero se enfrentó a muchas dificultades. La detuvieron en Francia y pasó cuatro días en la cárcel. Una amiga inventó una historia que ayudó a liberarla. La volvieron a detener en España, pero logró escapar de nuevo. El viaje de Nancy a Gran Bretaña parece sacado de una película de acción. Los soldados alemanes le disparaban, pasó días sin comida ni agua, se escondió en corrales de ovejas, durmió en la calle a la intemperie, casi sufriendo hipotermia, y saltó de trenes en marcha para huir de los soldados alemanes. Tras seis intentos, Nancy llegó por fin a Inglaterra. Pero ocurrió algo trágico de lo que no se enteró hasta después de la guerra.

La policía alemana detuvo a su marido, Henri, con la esperanza de que les diera información sobre ella. Lo torturaron para que les dijera su paradero, pero Henri amaba a su esposa y se negó a decir una palabra. Cuando se dieron cuenta de que no hablaría, lo ejecutaron.

La vida de Nancy en Inglaterra

Tras llegar a Inglaterra, Nancy estaba dispuesta a luchar contra Hitler y los nazis. Se alistó en el Dirección de Operaciones Especiales o SOE, por sus siglas en inglés, con el alias de *First Aid Nursing Yeomanry* o FANY. El SOE era una destacada organización creada por Winston Churchill para ayudar a los movimientos de resistencia en toda Europa.

El SOE había oído hablar del trabajo de Nancy en Francia y quedó impresionado por su valor, lealtad y determinación. Cuando se enteraron de su llegada a Inglaterra, no lo dudaron y la reclutaron de inmediato. Sus colegas del SOE estaban encantados con ella. La describían como una «bomba australiana» con un fuerte espíritu de lucha, una actitud alegre y una energía contagiosa. Sus informes de entrenamiento eran excepcionales. Era una tiradora rápida, tenía una destreza inigualable y era más fuerte que la mayoría de los hombres del programa de entrenamiento.

Su entrenamiento hizo de Nancy una experta en combate cuerpo a cuerpo, explosivos, prosperar tras las líneas enemigas y guerra de guerrillas. Era una de las 39 mujeres de la sección francesa del SOE. Su jefe era el coronel Maurice Buckmaster, que colaboraba con distintos grupos de resistencia para destruir a las fuerzas alemanas en Francia, Polonia y otros países.

El SOE asignó a Nancy su primera misión como saboteadora. La misión implicó muchas noches sin dormir, coordinando, planificando, motivando y entrenando a los maquis para preparar el Día D. Los maquis eran un grupo de la resistencia francesa que realizaba la guerra de guerrillas y ayudaba a los oficiales aliados.

Sin embargo, un aspecto de la tarea le quitó el sueño: saltar en paracaídas desde un avión hasta aterrizar en su segundo hogar, Francia.

En 1943, Nancy y un grupo de 39 mujeres y 430 hombres se lanzaron en paracaídas en los bosques de L'Auvergne, en Francia. Nancy se enredó en un árbol y fue salvada por el líder de los maquis, el capitán Henri Tardivat. Henri no pudo resistirse a la belleza de Nancy y la cortejó. Sin embargo, ella no tenía tiempo para conversaciones tontas y expresó su desinterés con tono firme.

Henry y Nancy se hicieron íntimos amigos y bautizó a su hija con su nombre. Admiraba su feminidad y su fuerza.

Nancy actuó como oficial de enlace entre los maquis e Inglaterra. A su llegada, discutió la situación de la resistencia en Francia con Henri y sus hombres. Le sorprendió que no hubiera ningún método de comunicación con los ingleses. Estaban varados y no tenían forma de ponerse en contacto con el SOE. Pero Nancy tenía sus planes para el Día D y una gran cantidad de dinero, así que confiaba en poder completar la tarea. La misión de Nancy consistía en asignar equipos y armas, y juzgar la potencia de las frecuencias de radio.

Nancy utilizaba el alias de «Madame Andrée» cuando se relacionaba con los partisanos. Sin embargo, ellos no la respetaban, pues creían que no era más que una mujer hermosa que utilizaba su sexualidad para conseguir lo que quería. Nancy decidió darles una lección. Se enfrentó a sus líderes en concursos de bebida y les ganó a todos. Los hombres se dieron cuenta de que no era una mujer corriente y, a partir de entonces, la vieron con otros ojos.

Nancy no tardó en demostrar su valor para los maquis. Reclutó a más de 7.000 hombres, convirtiéndolos en uno de los grupos de resistencia más poderosos de Europa. También dirigió múltiples ataques contra instalaciones alemanas.

Antes del Día D, Nancy consiguió restablecer la comunicación con la resistencia en Gran Bretaña. Aprovechó esa oportunidad para organizar lanzamientos en paracaídas con Inglaterra. En poco tiempo, reunió los explosivos y las armas para su misión. Entrenó a los nuevos reclutas y les enseñó disciplina. No quería soldados que solo fueran buenos con las armas. Quería que fueran valientes y rápidos, además de pensar con la cabeza. Así que hizo todo lo que estuvo en su mano para fomentar estas cualidades en ellos.

Nancy y los maquis estaban listos para el Día D.

El 6 de junio de 1944, también conocido como el Día D, los maquis comenzaron sus ataques, pero Nancy desapareció al ir a recoger a un instructor de armamento. Volaron varios objetivos alemanes, con la esperanza de debilitar sus fuerzas. Cuando Nancy regresó, se sintió mal por haberse perdido toda la diversión. Pero su misión aún no había terminado. Nancy y sus hombres destrozaron trenes, volaron puentes y tendieron emboscadas a los alemanes.

Nancy demostró ser una valiente guerrera. Los partisanos la describieron como más valiente que todos sus hombres.

Cuatro días después, los alemanes tomaron represalias y lanzaron duros ataques contra los maquis. Denis Rake, el responsable de la comunicación inalámbrica con Inglaterra, temía que lo descubrieran, así que quemó sus códigos y escondió su equipo. Nancy no podía comunicarse con el SOE, así que no tuvo más remedio que buscar otro operador.

500 km en bicicleta

Nancy recorrió unos 500 km en bicicleta hasta Chateauroux para encontrar un nuevo operador. Era un viaje largo y arduo que muchos de sus superiores pensaban que no podría hacer. Creían que estaba más allá de sus capacidades físicas por ser mujer. Susurraban entre ellos: «¿Cómo podría una mujer recorrer una distancia tan larga por caminos tan duros?». Otros creían que estaba loca por hacer este viaje, ya que estaría indefensa y expuesta, sobre todo por ser la más buscada por la Gestapo. Sin embargo, Nancy sabía que podría lograrlo y regresar ilesa con el nuevo operador.

Comenzó su viaje de noche y a menudo descansaba en los graneros de la carretera. Aunque estaba muy cansada, tenía determinación y se centraba en su objetivo más que en cómo se sentía. En su viaje se encontró con algunos soldados alemanes, pero utilizó su encanto y coqueteó para que no la registraran. En menos de dos días encontró a un operador y acordaron enviar en paracaídas un nuevo equipo inalámbrico al lugar deseado. Completó su misión, se montó en su bicicleta y regresó a sus campamentos.

Puede parecer un viaje fácil, o se puede pensar que fue un día más en la vida de una valiente soldado y espía. Sin embargo, cuando Nancy regresó, tenía un dolor insoportable. No podía sentarse, levantarse ni moverse. Cuando los demás le preguntaban cómo se sentía, ella se limitaba a llorar. Esto humaniza a Nancy. Aunque era una soldado intrépida que podía matar a un hombre con sus propias manos, seguía siendo una humana que sentía dolor y lloraba cuando no podía soportarlo.

Aunque Nancy había logrado muchas cosas durante la Segunda Guerra Mundial, solía decir que de lo que se sentía más orgullosa era de esta misión y recorrió en bicicleta unos 500 km en tres días. Curiosamente, no volvió a montar en bicicleta en toda su vida.

Matar soldados alemanes

Muchas historias destacan la personalidad de Nancy y lo que estaba dispuesta a hacer por la causa. Aunque algunos la mostraban como una asesina a sangre fría, la realidad era otra.

Una vez descubrió que sus hombres estaban protegiendo a una espía alemana mientras se peleaban por matar a una joven. Nancy la mató sin dudarlo. Más tarde dijo que no se arrepentía de sus actos porque la guerra exigía tomar decisiones duras.

Otra vez dijo que los únicos soldados alemanes buenos eran los muertos, y que quería que mataran a muchos de ellos para evitar su injusticia y crueldad hacia los judíos.

Mató a un centinela alemán degollándolo para evitar que alertara a los guardias de su presencia. Aunque esto pueda parecer sangre fría, Nancy no era así. En varias entrevistas dijo que odiaba matar a la gente, pero que se negaba a quedarse en casa viendo luchar a los hombres cuando sabía que podía marcar la diferencia. Tiempos desesperados exigen medidas desesperadas, y ella no tenía otra opción.

El famoso apodo de Nancy

Los soldados alemanes dieron a Nancy un apodo muy poco habitual, «el ratón blanco», por su habilidad para escaparse y huir a pesar de que había un precio enorme por su cabeza. Nancy era la peor pesadilla de los nazis, pero fue la chica de oro de Winston Churchill y una de sus agentes más condecoradas. No se hubiera adivinado que era una soldado con solo mirarla. Nancy iba siempre bien peinada, con los labios pintados de rojo y el pelo recogido. Se podría suponer que iba a una fiesta, no a luchar en una guerra. Sin embargo, esto formaba parte de su tapadera. ¿Quién iba a adivinar que esta glamurosa mujer era la más buscada por la Gestapo?

Sin embargo, una vez que se enfrentaba cara a cara con sus enemigos, era feroz y letal, con o sin su arma.

Legado

Después de la guerra, Nancy corrió a casa en busca de su amado esposo, solo para descubrir que él había elegido la muerte antes que traicionarla. Cuando recibió la terrible noticia, se le rompió el corazón. Henri era el amor de su vida, y durante el resto de su vida se culpó de su muerte. En

1957 se casó con John Forward, pero no tuvieron hijos. Llevó una vida tranquila hasta que murió en 2011 a los 98 años.

Escribió su autobiografía, titulada «El ratón blanco», por su famoso apodo, que se convirtió en un *bestseller* neoyorquino. Nancy intentó entrar en política varias veces, pero fracasó, por lo que ella y su marido se retiraron a Australia. John murió en 1997. En 2001 se trasladó a Inglaterra, donde pasó el resto de sus días. Celebró su 90 cumpleaños en un hotel de Londres. El dueño se negó a que pagara y se hizo cargo de todos los gastos.

Nancy recibió múltiples medallas a lo largo de su vida, entre ellas:

- La Medalla Jorge
- La Medalla de la Libertad
- Caballero de la Legión de Honor
- La Croix de Guerre
- La Medalla de la Resistencia de Francia

Nancy recibió múltiples medallas a lo largo de su vida

Siguió siendo una de las figuras más respetadas de la historia por su valentía y su papel en la destrucción del poder de los nazis en Europa. Sin embargo, Nancy no recibió ninguna condecoración de Australia, ya que no sirvió a su país. Unos años antes de su muerte, el gobierno australiano se puso en contacto con ella porque querían concederle una medalla. Ella se negó a aceptarla. Creía que era demasiado tarde para ese gesto. No se la ofrecieron por admiración o amor. Los presionaron para que lo hicieran o para salvar las apariencias. En cualquier caso, Nancy sintió que sus sentimientos no eran auténticos. Sin embargo, en 2004, la nombraron compañera de la Orden de Australia y, más tarde, recibió la Insignia de Oro de la RSA, el más alto honor de Nueva Zelanda.

La niña, cuyo amado padre la abandonó y una madre que nunca la quiso, no dejó que la adversidad la abatiera. Aunque sus padres la traicionaron, Nancy acabó aprendiendo a amar y a confiar de nuevo. Se convirtió en una heroína que simpatizaba con los débiles y los que no tenían voz. Hablaba por ellos en el único idioma que entendía el enemigo, el de la violencia. Fue una guerrera feroz respetada por todos los que la conocieron. Años después de su muerte, sigue siendo recordada como una heroína de guerra y un ídolo femenino que demostró al mundo que las mujeres podían hacer mucho más durante la guerra que quedarse en casa esperando a que volvieran sus maridos.

Capítulo 9: Los aviadores de Tuskegee: Cielos de cambio

La Segunda Guerra Mundial fue una época crucial en la historia mundial, marcada no solo por la ferocidad de la batalla, sino también por las actitudes sociales y raciales imperantes en la época. Mientras Estados Unidos participaba activamente en el conflicto, una sombra de segregación se cernía sobre sus fuerzas militares, con barreras raciales profundamente arraigadas en el tejido de los servicios armados. Durante esta época tan agitada, un grupo de aviadores militares afroamericanos surgieron como héroes, desafiando los prejuicios raciales profundamente arraigados. Esta es la historia de los aviadores de Tuskegee, un escuadrón de pilotos negros que desafiaron el escepticismo, los prejuicios y la adversidad para convertirse en héroes de guerra y pioneros en la lucha por los derechos civiles.

Esta es la historia de los aviadores de Tuskegee, un escuadrón de pilotos negros que desafiaron el escepticismo, los prejuicios y la adversidad para convertirse en héroes de guerra y pioneros en la lucha por los derechos civiles

https://commons.wikimedia.org/wiki/File:Tuskegee_Airmen_07-26-2023.jpg

Para comprender la importancia del viaje de los aviadores de Tuskegee, primero hay que entender el telón de fondo de la segregación racial que asoló Estados Unidos durante la Segunda Guerra Mundial. Los afroamericanos se enfrentaron a una situación paradójica cuando el país se movilizó para la guerra a principios de la década de 1940. Aunque se esperaba que contribuyeran al esfuerzo bélico, lo hicieron en un entorno plagado de discriminación racial. El ejército estadounidense, como gran parte de la nación, se adhirió a una política de segregación, relegando a los soldados afroamericanos a papeles inferiores y limitando sus oportunidades de ascenso.

Este telón de fondo discriminatorio preparó el terreno para el escepticismo al que se enfrentarían los aviadores de Tuskegee. A pesar de la creencia predominante de que los afroamericanos no eran aptos para el combate, nació una iniciativa visionaria: el programa de los aviadores de Tuskegee. Establecido en el Instituto Tuskegee de Alabama, el programa pretendía entrenar a pilotos negros para el combate, desafiando la noción profundamente arraigada de inferioridad racial.

El programa de entrenamiento no fue una empresa ordinaria. Bajo la dirección del capitán Benjamin O. Davis Jr., el primer afroamericano graduado en West Point, y del instructor jefe de vuelo civil Charles Alfred Anderson, los aviadores de Tuskegee se sometieron a un riguroso entrenamiento que reflejaba los retos a los que se enfrentarían en el teatro de operaciones de la guerra. El entrenamiento de los aviadores de Tuskegee incluyó instrucción de vuelo e intensivo acondicionamiento físico y mental, preparándolos para las exigentes realidades del combate aéreo.

Mientras los aviadores de Tuskegee perfeccionaban sus habilidades, el mundo fuera de sus campos de entrenamiento se veía envuelto en el caos de la guerra. A principios de la década de 1940, las potencias del Eje, lideradas por la Alemania nazi, expandieron su control por Europa y el norte de África. En este contexto, los aviadores de Tuskegee fueron enviados al norte de África y, más tarde, al teatro de operaciones europeo. Su distinguido historial de combate disipó rápidamente cualquier duda sobre sus capacidades.

Uno de los logros notables de los aviadores de Tuskegee fue su reputación de proteger a las tripulaciones de los bombarderos. En los peligrosos cielos de Europa, volaron en misiones de escolta para los bombarderos estadounidenses, enfrentándose a formidables cazas alemanes. Su éxito en estas misiones les granjeó el respeto de las tripulaciones de los bombarderos, poniendo de relieve su destreza, su valor y la eficacia de su entrenamiento.

Los aviadores de Tuskegee no eran meros combatientes en una guerra. Fueron artífices del cambio. Su servicio ejemplar durante la Segunda Guerra Mundial se convirtió en un catalizador para la eventual desegregación de las fuerzas armadas estadounidenses.

Formación en el Instituto Tuskegee

Con el trasfondo de unos Estados Unidos racialmente segregados a principios de la década de 1940, surgió una iniciativa transformadora. Impulsado por la visión del presidente del Instituto Tuskegee, el Dr. Frederick D. Patterson, y animado por la defensa de la primera dama Eleanor Roosevelt, el programa de los aviadores de Tuskegee surgió en 1941. Este esfuerzo innovador pretendía desafiar los estereotipos raciales formando a pilotos afroamericanos y desafiando las normas discriminatorias que restringían su papel en el esfuerzo bélico.

La clase inaugural, conocida como Clase 42C, estaba formada por 12 cadetes y un único oficial alumno, el capitán Benjamin O. Davis Jr. Su papel fundamental se desarrolló más tarde en el 332º Grupo de Caza. En marzo de 1942, la promoción 42C obtuvo sus alas en el aeródromo del ejército de Tuskegee, marcando un momento histórico como primeros pilotos militar negros de la nación. Sin embargo, a pesar de este logro, las órdenes de despliegue brillaron por su ausencia. Tras largos retrasos por parte del Departamento de Guerra, el 99º Escuadrón de Caza, una unidad de 400 efectivos, se desplegó finalmente en el norte de África en abril de 1943. Con el tiempo, el 99º se fusionó con el 332º Grupo de Cazas, que incluía los escuadrones de cazas afroamericanos 100º, 301º y 302º estacionados en Italia.

El Instituto Tuskegee, una institución educativa afroamericana de importancia histórica, se convirtió en el epicentro de un experimento pionero de integración militar. Sin embargo, el régimen de entrenamiento no era pan comido. Era un crisol exigente destinado a dotar a estos aviadores de habilidades de vuelo, así como resistencia y agudeza mental necesarias para los retos de la aviación militar.

Las exigencias físicas del entrenamiento de los aviadores de Tuskegee tampoco eran ninguna broma. Su entrenamiento incluía carreras antes del amanecer, carreras de obstáculos propias de una película de campo de entrenamiento y sesiones de levantamiento de pesas que llevaban a estos hombres hasta sus límites. El objetivo era garantizar que estos pilotos estuvieran en condiciones físicas óptimas para soportar las tensiones del combate.

En el centro de este acondicionamiento físico estaba el instructor jefe de vuelo civil Charles Alfred Anderson, conocido cariñosamente como «jefe». Su famosa carrera de obstáculos se convirtió en un símbolo de las agallas necesarias para el combate aéreo. Los obstáculos, las paredes para escalar y los escenarios de combate simulados no eran un espectáculo. Eran un testimonio de la destreza física que necesitaban estos aviadores.

Pilotar un avión en tiempos de guerra no es solo cuestión de conocimientos técnicos. Se trata de tomar decisiones en fracciones de segundo bajo una inmensa presión. El programa de entrenamiento de Tuskegee simulaba situaciones de combate que ponían a prueba el temple de estos aviadores. El capitán Benjamin O. Davis Jr., pionero por derecho propio, inculcó una cultura de disciplina y determinación. Su liderazgo no consistía en conformarse. Se trataba de alcanzar la excelencia, un estándar que él esperaba que sus hombres cumplieran.

El entrenamiento de los aviadores de Tuskegee creó pilotos muy capaces como un esfuerzo deliberado para acabar con los estereotipos raciales. El programa pretendía producir aviadores excepcionales y demostrar que los afroamericanos podían destacar en funciones complejas y exigentes dentro del ejército.

Los instructores de Tuskegee, entre ellos Charles Alfred Anderson y el comandante Noel Parrish, eran educadores, mentores y símbolos de superación. El comandante Parrish, que llegó a ser jefe de instructores de vuelo, aportó una gran experiencia, asegurándose de que la formación no fuera teórica, sino basada en los aspectos prácticos de la aviación en tiempos de guerra.

A medida que los aviadores progresaban en su entrenamiento, adquirieron destreza en el vuelo y se convirtieron en una unidad muy unida. Los retos a los que se enfrentaron juntos, ya fuera en la carrera de obstáculos o en escenarios de combate simulados, forjaron una camaradería que resultaría indispensable cuando se enfrentaran a los retos reales del combate.

El programa de entrenamiento del Instituto Tuskegee fue más que una preparación para la guerra. Fue un crisol de transformación. No solo dotó a estos individuos de las habilidades para el combate aéreo, sino que también desempeñó un papel fundamental en la remodelación de las percepciones sobre las capacidades de los afroamericanos en el ejército. La resistencia, la determinación y la hermandad forjadas en Tuskegee fueron los héroes anónimos detrás del éxito de los aviadores de Tuskegee y su perdurable impacto en la historia de Estados Unidos.

Historial de despliegue y combate

Cuando los aviadores de Tuskegee, el grupo pionero de pilotos militares negros, surcaron los cielos, no solo desafiaron a la gravedad, sino también a los prejuicios raciales. Desplegados en el norte de África y más tarde en Europa durante la Segunda Guerra Mundial, su viaje fue una saga de lucha contra los aviones enemigos, pero también contra el escepticismo y la discriminación que los persiguieron desde el principio.

En el norte de África, los aviadores de Tuskegee, conocidos oficialmente como el 332º Grupo de Caza, tuvieron su primera experiencia de combate. Operando desde bases en Túnez y más tarde en Italia, pilotaron P-40 Warhawks y los famosos P-51 Mustangs. Sus misiones iban desde escoltar bombarderos hasta enfrentarse a aviones enemigos, demostrando su versatilidad y adaptabilidad.

Uno de los logros más destacados de los aviadores de Tuskegee fue su reputación como protectores de bombarderos. En los peligrosos cielos de Europa, escoltar a los bombarderos no era tarea fácil. Los bombarderos B-17 Flying Fortress y B-24 Liberator eran los salvavidas de las campañas de bombardeo estratégico, pero eran vulnerables a los cazas enemigos. Los aviadores de Tuskegee, con sus característicos aviones de cola roja, se convirtieron en sinónimo de protección de bombarderos.

Su destreza en la protección de los bombarderos les valió el apodo de «colas rojas» por parte de las tripulaciones de los bombarderos a los que escoltaban. Las marcas rojas de sus aviones servían como seña de identidad y símbolo de tranquilidad para las tripulaciones de los bombarderos. El éxito de los aviadores de Tuskegee en este papel crucial no solo desafió las dudas sobre sus capacidades, sino que también puso de relieve su excepcional destreza en combate.

Los aviadores de Tuskegee no volaban para aparentar. Hicieron historia. Una de sus misiones más célebres fue la escolta de bombarderos a Berlín el 24 de marzo de 1945.

La misión de escolta a Berlín destaca como un momento decisivo en la historia de los aviadores de Tuskegee. Esta misión culminó su entrenamiento, habilidades y determinación, y marcó un paso importante en su lucha contra el enemigo en el aire y los prejuicios raciales en tierra.

La decisión de asignar a los aviadores de Tuskegee la tarea crucial de escoltar a los bombarderos a Berlín no fue arbitraria. Fue un testimonio de la confianza de sus comandantes en sus capacidades. Berlín, el corazón de la Alemania nazi, representaba un desafío formidable por la distancia y la intensidad de las defensas enemigas. La misión era un movimiento estratégico destinado a golpear el corazón del poder del Eje y demostrar el temple de los aviadores de Tuskegee en uno de los escenarios más desafiantes de la guerra.

La distancia recorrida durante esta misión fue considerable, implicando un viaje de ida y vuelta de cientos de millas. El viaje llevó a los pilotos a lo más profundo del territorio enemigo, donde tuvieron que navegar por el complejo y peligroso espacio aéreo controlado por la *Luftwaffe* alemana. Los riesgos eran abundantes: desde cazas enemigos hasta fuego antiaéreo. Los aviadores de Tuskegee tuvieron que enfrentarse a los retos físicos de volar durante largos periodos y a la tensión psicológica de estar en el corazón de cielos controlados por el enemigo.

A pesar de estos retos, los aviadores de Tuskegee cumplieron su misión con una eficacia excepcional. Las tripulaciones de los bombarderos a los que escoltaban suponían un salvavidas para el esfuerzo bélico aliado. El papel de los aviadores de Tuskegee era volar junto a los bombarderos, proporcionándoles un escudo, una barrera protectora contra los mortíferos cazas alemanes ansiosos por interceptarlos.

Los aviadores de Tuskegee demostraron su eficacia en combate frente a una feroz oposición. Se enfrentaron a aviones enemigos, rechazando ataques y garantizando el paso seguro de los bombarderos. El éxito de esta misión fue un logro militar y una poderosa declaración sobre las capacidades de los pilotos afroamericanos en un escenario de guerra dominado por prejuicios raciales.

El éxito de la misión de escolta a Berlín tuvo un efecto dominó más allá de su impacto militar inmediato. Se convirtió en un símbolo de la excelencia y el valor afroamericanos, desafiando los estereotipos profundamente arraigados sobre la capacidad de los soldados negros. Los aviadores de Tuskegee demostraron su destreza en el combate aéreo y su capacidad para contribuir significativamente a operaciones estratégicas críticas.

Esta misión histórica contribuyó a cambiar la percepción de los militares y del público estadounidense en general. Los aviadores de Tuskegee cumplieron con su deber y rompieron barreras. Los aviones de cola roja que sobrevolaron Berlín simbolizaban el poder aéreo aliado y la determinación de superar los prejuicios y la discriminación.

Otro hito en el que su nombre brilla con luz propia es el del teniente Lee Archer, miembro de los aviadores de Tuskegee, cuyo revolucionario logro alteró el curso de la historia. En un momento decisivo durante la Segunda Guerra Mundial, Archer se convirtió en el primer piloto afroamericano en derribar un avión a reacción: un Me 262 alemán.

En aquella época, el Me 262 era una maravilla tecnológica, el primer avión de combate a reacción operativo del mundo. Su velocidad y maniobrabilidad suponían una importante amenaza para las fuerzas aliadas. La existencia de este avanzado avión alemán obligó a los aliados a adaptar y mejorar constantemente sus estrategias. Frente a una tecnología tan avanzada, el logro de derribar un Me 262 no solo fue una victoria personal para Archer, sino también un testimonio de las capacidades de los aviadores de Tuskegee en su conjunto.

El encuentro con el Me 262 tuvo lugar el 12 de octubre de 1944, durante una misión de escolta de bombarderos cerca de Linz, Austria. Archer y sus compañeros pilotaban Mustangs P-51, con sus icónicas colas rojas que los identificaban como aviadores de Tuskegee. El Me 262, con su increíble velocidad, era un adversario formidable. El enfrentamiento de Archer con este avanzado avión alemán fue una confrontación personal, un choque de tecnologías y una batalla simbólica contra los prejuicios raciales.

El exitoso derribo del Me 262 por parte de Archer echó por tierra estereotipos raciales profundamente arraigados que cuestionaban las capacidades de los pilotos negros. La creencia predominante era que los pilotos afroamericanos carecían de la habilidad y competencia necesarias para el combate aéreo de alto riesgo, especialmente contra aviones enemigos avanzados. El logro de Archer desafió estos estereotipos y se convirtió en una poderosa refutación de las prácticas discriminatorias del ejército y de la sociedad en general.

Los aviadores de Tuskegee se enfrentaron al escepticismo del enemigo y de sus propias filas. Algunos dudaban de su capacidad para llevar a cabo misiones complejas con eficacia. Sin embargo, su historial de combate era más elocuente que cualquier prejuicio.

Su éxito en la protección de los bombarderos silenció a los escépticos, ganándose el respeto y la admiración de las tripulaciones de los bombarderos a los que apoyaban. Las tripulaciones pronto se dieron cuenta de que tener a los «colas rojas» como escoltas significaba una mayor probabilidad de volver a casa. Los aviadores de Tuskegee cambiaron el curso de la guerra y la mentalidad de la gente prejuiciosa.

El teniente coronel Benjamin O. Davis Jr., quien dirigió a los aviadores de Tuskegee en su transición a los Mustangs P-51, fue fundamental para salvar las distancias entre las tripulaciones de los bombarderos y sus pilotos. Su liderazgo fue crucial para fomentar la camaradería entre los aviadores de Tuskegee y las tripulaciones a las que protegían. Este respeto no solo tenía que ver con la eficacia militar. Se trataba de romper las barreras raciales dentro de las fuerzas armadas.

El despliegue de los aviadores de Tuskegee en el norte de África y Europa fue una campaña militar y un capítulo que transformó la continua batalla contra la discriminación racial. Su dedicación, destreza y valor ante la adversidad contribuyeron a la victoria aliada y dejaron una huella indeleble en la historia de los derechos civiles en Estados Unidos. Los colas rojas que surcaban los cielos simbolizaban la protección: un símbolo de progreso, que rompía las nubes de prejuicios que persistían sobre la nación.

Impacto de la posguerra

El legado de los aviadores de Tuskegee impulsó el movimiento por los derechos civiles, luchando por la igualdad en una sociedad estancada en la discriminación

Los aviadores de Tuskegee no solo fueron héroes en la guerra, sino que se convirtieron en pioneros de los derechos civiles una vez finalizada la contienda. Los pilotos negros surcaron los cielos, demostrando que eran tan hábiles como sus homólogos blancos. Sus audaces hazañas en la Segunda Guerra Mundial echaron por tierra el mito de que los negros no podían soportar la presión. Pilotaron aviones y desafiaron los estereotipos raciales.

Piense en un niño afroamericano de la década de 1940, viendo héroes que se parecían a ellos. Los aviadores de Tuskegee eran la prueba viviente de que el color no tenía nada que ver con el valor y la competencia. Su legado impulsó el movimiento por los derechos civiles, luchando por la igualdad en una sociedad estancada en la discriminación.

En 1948, el presidente Truman dijo por fin: «Ya basta». Firmó una orden que ponía fin a la segregación racial en el ejército. Los aviadores de Tuskegee, con sus aviones de cola roja, habían abierto una brecha en el prejuicio.

Después de la guerra, los aviadores de Tuskegee no colgaron sus trajes de vuelo. Su valor y destreza habían roto los cimientos de la segregación. Los militares no podían ignorar que estos hombres, que casualmente tenían la piel más oscura, habían demostrado ser auténticos héroes estadounidenses.

En 1948, la segregación fue oficialmente eliminada del ejército. Fue una victoria tanto para los aviadores de Tuskegee como para el sentido común. Los colas rojas habían ayudado a provocar un cambio que se extendió por todas las fuerzas armadas, demostrando que la excelencia no tenía nada que ver con el color de la piel de una persona.

Lee Archer, tras batir récords derribando un jet alemán, no se detuvo. Archer se convirtió en un líder de la aviación, demostrando que el cielo no tenía límites para un hombre de su calibre. Benjamin O. Davis Jr. ascendió hasta convertirse en el primer general afroamericano de las Fuerzas Aéreas estadounidenses. Estos hombres no solo volaban alto. Rompían barreras raciales y abrían puertas para que otros los siguieran.

Juntos, los aviadores de Tuskegee no se limitaron a pasar a un segundo plano. Se convirtieron en defensores del cambio. Se pronunciaron contra la discriminación y se convirtieron en modelos para una nueva generación. Sus experiencias compartidas formaron un vínculo que fue más allá de la cabina. Fueron una fuerza de cambio, luchando por la justicia y una parte justa para todos, independientemente de su origen.

Imagínese ser un niño en los años 50 y soñar con volar como aquellos héroes de cola roja. Además de pilotar aviones, los aviadores de Tuskegee inspiraron a toda una generación. Fueron a las escuelas y animaron a los jóvenes negros a alcanzar el cielo, demostrando que los sueños podían volar más alto que los prejuicios.

Esas colas rojas eran símbolos de progreso. Su éxito en la guerra allanó el camino para que los afroamericanos tuvieran más oportunidades. Se trataba de algo más que de volar. Se trataba de demostrar que todo el mundo merecía una oportunidad justa, independientemente del color de su piel.

Su historia no se desvaneció. Libros, documentales y películas, como «Red Tails», pusieron sus logros en primer plano. Su legado pasó a formar parte de la cultura estadounidense, garantizando que su valor y determinación fueran celebrados y recordados.

En definitiva, la historia de los aviadores de Tuskegee no es una historia de guerra más. Es la historia de unos héroes que volaron por las nubes y rompieron las barreras de los prejuicios. Su legado no solo existe en el pasado. Es un recordatorio vivo de que la valentía, la habilidad y la determinación pueden cambiar el curso de la historia y allanar el camino hacia un futuro más igualitario y justo.

Capítulo 10: Chiune Sugihara: El Schindler japonés

En el caótico panorama de la Segunda Guerra Mundial, una figura extraordinaria, Chiune Sugihara, ocupó un lugar central. Como vicecónsul en Kaunas, Lituania, en 1940, Sugihara se encontraba en un mundo ensombrecido por el inminente horror del Holocausto. Mientras Europa luchaba contra el régimen nazi, el viaje de Sugihara se convirtió en un faro de esperanza en medio de la oscuridad reinante.

Mientras Europa se enfrentaba al régimen nazi, el viaje de Sugihara se desarrolló como un faro de esperanza en medio de la oscuridad reinante

https://commons.wikimedia.org/wiki/File:Sugihara_b.jpg

Poderosas naciones luchaban por el control y los nazis, liderados por Hitler, extendían su influencia por toda Europa. Este periodo marcó el horrible Holocausto, en el que los nazis pretendían acabar con comunidades enteras, especialmente con el pueblo judío.

Kaunas, la capital de Lituania, se convirtió en un importante campo de batalla en esta lucha mundial. La ciudad se enfrentaba a la incertidumbre de las alianzas cambiantes y la ocupación de territorios. La situación era desesperada, especialmente para los refugiados judíos que intentaban escapar de la persecución. Las fronteras estaban fuertemente controladas y el miedo flotaba en el aire como una espesa niebla.

Imagine el papel de Sugihara en este ambiente tan intenso. Sus decisiones fueron cruciales a la hora de atender las desesperadas súplicas de los refugiados judíos. Las complejidades geopolíticas añadían diferentes capas de dificultad, por lo que escapar parecía casi imposible. Las decisiones de Sugihara en Kaunas se convertirían en un salvavidas para los que huían de la persecución.

Este capítulo detalla la historia de Sugihara, explorando los retos y dilemas a los que se enfrentó durante este periodo crítico. Con la agitación mundial como telón de fondo, las acciones de Sugihara son un testimonio de la resistencia del espíritu humano. A medida que lea, descubrirá a un hombre cuyas decisiones desafiaron las órdenes, cambiaron el destino y, en última instancia, le valieron el apodo del Schindler japonés.

El papel de Sugihara como Vicecónsul en Kaunas

Chiune Sugihara asumió el cargo de vicecónsul en Kaunas, Lituania, en 1940, un puesto que lo empujó al corazón de una vorágine de acontecimientos históricos. Nacido el 1 de enero de 1900 en Yaotsu (Japón), los primeros años de la vida de Sugihara sentaron las bases de los valores que lo definirían más tarde. Creció en el seno de una familia modesta a la que inculcó una fuerte ética del trabajo y un profundo sentido de la responsabilidad.

Sus dotes académicas lo llevaron a estudiar en la Universidad de Waseda, donde profundizó en los idiomas y se licenció en inglés. Su dominio de los idiomas sería decisivo en su carrera diplomática. La temprana exposición de Sugihara a diferentes culturas y lenguas sentó las bases de la perspectiva cosmopolita que lo distinguiría en años posteriores.

Tras completar sus estudios, Sugihara ingresó en el Ministerio de Asuntos Exteriores en 1934, embarcándose en una carrera diplomática que lo llevaría a varios destinos, entre ellos Manchuria y Helsinki. Estos diversos destinos cultivaron la adaptabilidad y la perspicacia diplomática de Sugihara, preparándolo para los retos a los que se enfrentaría en Kaunas.

Las funciones del vicecónsul representaban los intereses de Japón en Lituania, un país atrapado entre dos fuegos por los cambios de lealtades y el implacable avance del régimen nazi. La posición diplomática de Sugihara se volvió crítica debido a las complejidades geopolíticas que se desarrollaron durante la Segunda Guerra Mundial. Lituania, que se enfrentaba a la brutal ocupación de los nazis, experimentó un cambio drástico en su panorama político, y Sugihara tuvo que enfrentarse a los retos de una nación sumida en el caos.

Cuando Sugihara comenzó su mandato en Kaunas, el Holocausto estaba en pleno apogeo en toda Europa. El siniestro plan de Hitler para aniquilar comunidades enteras, dirigido principalmente contra los judíos, había alcanzado un espeluznante crescendo. Las Leyes de Núremberg, que despojaban a los judíos de sus derechos, y los guetos establecidos por los nazis marcaron las primeras etapas de una tragedia que reverberaría a través de la historia.

Lituania, con su considerable población judía, se convirtió en un foco de atrocidades nazis. Los infames *Einsatzgruppen*, los escuadrones móviles de la muerte, descendieron sobre el país, cometiendo fusilamientos en masa y sembrando el terror. Las comunidades judías se enfrentaron a horrores indescriptibles, y la urgencia por escapar se convirtió en una cuestión de vida o muerte.

La oficina de Sugihara en Kaunas se convirtió en un santuario para quienes buscaban desesperadamente un salvavidas. Los refugiados judíos, conscientes de que Japón exigía visados menos estrictos, acudían en masa al consulado con la esperanza de salvarse. Los primeros encuentros entre Sugihara y estos desesperados se caracterizaron por una profunda desesperación y miedo.

Ante la avalancha de peticiones de visados de tránsito, Sugihara se vio atrapado entre las rígidas normas de sus superiores en Tokio y las desgarradoras historias de los que estaban ante él. Los refugiados, a menudo con desgarradores documentos de persecución, buscaban atravesar los territorios controlados por Japón para escapar de las garras de los nazis.

Sugihara, dividido entre el deber y la compasión, se enfrentó a un dilema moral que definiría su legado. Su decisión de ir en contra de las órdenes oficiales y expedir visados a miles de refugiados judíos demostró un acto de desafío y un profundo compromiso con la humanidad en una adversidad sin parangón.

Un ejemplo notable es el «visado Sugihara», que concedió un indulto a los judíos polacos que habían escapado a Lituania. A pesar de las intensas presiones de sus superiores y de los riesgos diplomáticos que ello implicaba, Sugihara siguió expidiendo visados, creando un rayo de esperanza para quienes estaban al borde de la desesperación.

Estas valientes decisiones marcaron el viaje de Sugihara como vicecónsul en Kaunas, sentando las bases para un esfuerzo humanitario que reverberaría a través de la historia. A medida que vaya conociendo los intrincados detalles de esta historia, el valor y la compasión de Sugihara iluminarán el camino de la humanidad en uno de sus periodos más oscuros.

Dilema moral y normativa estricta

La lucha interna de Chiune Sugihara durante su estancia en Kaunas es un testimonio de la complejidad moral de los horrores que desencadenó el Holocausto. Imagínese a un hombre dividido entre el deber y la compasión, un diplomático lidiando con el peso del sufrimiento humano que tenía ante sí. El conflicto interno con el que vivía Sugihara no era un mero choque de obligaciones profesionales, sino una batalla librada en lo más profundo de su conciencia.

Al ser testigo de la desesperación de los refugiados judíos que clamaban por visados, la empatía de Sugihara chocó con las estrictas directrices establecidas por sus superiores. Era muy consciente de que desviarse de esas órdenes podía poner en peligro su carrera, su reputación y el bienestar de su familia en Japón. Sin embargo, los rostros de quienes buscaban refugio lo perseguían y el imperativo moral de actuar pesaba sobre sus hombros.

Un relato conmovedor ilustra la profundidad de la confusión interna de Sugihara. Ante una cola de refugiados desesperados frente al consulado, dijo: «Por favor, perdónenme. Puede que no siga las directrices del Ministerio. Perdónenme. Emitiré visados a todos los refugiados que pueda, aunque me despidan».

Esta sentida expresión encierra la profunda lucha interior de Sugihara, un hombre que se encontraba en la encrucijada del sufrimiento humano y la rigidez burocrática, dividido entre las limitaciones de las órdenes oficiales y la llamada a la compasión.

Su difícil situación se vio agravada por las estrictas directrices que emanaban de Tokio. Sus superiores, instalados en las realidades políticas del Japón en tiempos de guerra, se adhirieron a una política que daba prioridad a las relaciones diplomáticas sobre las preocupaciones humanitarias. La postura oficial era clara. Solo se concedían visados a quienes dispusieran de fondos suficientes y de una ruta confirmada para salir de la Unión Soviética.

El desafío de Sugihara a estas órdenes significaba desafiar los protocolos establecidos del Ministerio de Asuntos Exteriores japonés y la ética imperante en la diplomacia de guerra. Sus superiores, sin duda conscientes de las consecuencias que estas acciones podían acarrear, exigieron un estricto cumplimiento de la política. Este choque entre los rígidos dictados de la burocracia y los instintos compasivos de un individuo definiría el legado de Sugihara.

En medio de una crisis humanitaria, Sugihara se enfrentó a profundas consideraciones éticas. La difícil situación de los refugiados judíos que escapaban de las atrocidades del Holocausto lo obligó a enfrentarse a los límites del razonamiento burocrático y al precio de adherirse estrictamente a los mandatos oficiales.

Un ejemplo sorprendente de las consideraciones éticas de Sugihara fue su decisión de expedir visados a los refugiados incluso cuando el consulado estaba cerrando. Ante su inminente partida, siguió escribiendo visados a mano en el andén del tren, tendiendo un salvavidas a los que esperaban desesperadamente escapar.

El dilema ético se intensificó cuando Sugihara se dio cuenta de que los visados que expedía iban más allá de los criterios prescritos. Ayudó a quienes tenían fondos confirmados, rutas de salida e incluso a quienes carecían de estos requisitos previos. Violó a sabiendas las normas establecidas, pero se mantuvo firme en su compromiso de aliviar el sufrimiento humano.

Las consideraciones éticas de Sugihara no eran abstractas. Se manifestaban en acciones tangibles que desafiaban la maquinaria burocrática. Su decisión de dar prioridad a la humanidad sobre el protocolo resonaría a lo largo de la historia, dejando un ejemplo perdurable de la capacidad del individuo para resistirse a la injusticia dentro de las limitaciones institucionales.

Desafiando órdenes y escribiendo a mano miles de visados

El punto de inflexión en la historia de Chiune Sugihara se produjo cuando tomó la valiente decisión de desafiar las órdenes oficiales y expedir visados a refugiados judíos en contra de las directrices de Tokio. Ante la desgarradora realidad de personas desesperadas que buscaban refugio del Holocausto, Sugihara optó por la humanidad frente a la burocracia.

Expresó la gravedad de su decisión con sus propias palabras: «Puede que tenga que desobedecer al gobierno, pero si no lo hago, estaría desobedeciendo a Dios». Esta poderosa declaración resume el imperativo moral que guió sus acciones. A pesar de los riesgos para su carrera y su vida personal, Sugihara adoptó una postura contra la injusticia, sentando las bases para un extraordinario acto de compasión.

Su compromiso de salvar vidas se materializó en el meticuloso y laborioso proceso de escribir a mano miles de visados. El sistema burocrático exigía el cumplimiento de normas estrictas, pero él se embarcó en un maratón de tramitación de solicitudes que se prolongaba hasta altas horas de la noche.

Los visados no eran meros trozos de papel. Eran salvavidas, símbolos de esperanza para quienes estaban al borde de la desesperación. La dedicación de Sugihara a esta tarea fue más allá de la llamada del deber. Con cada trazo de su pluma, desafiaba las órdenes de Tokio y labraba un camino hacia la libertad para los refugiados.

Un relato narra los incansables esfuerzos de Sugihara en el andén del tren mientras seguía expidiendo visados incluso cuando se preparaba para partir. En esos momentos finales, con el tren a punto de alejarse, repartía visados a través de las ventanillas.

El acto de desafiar las órdenes tuvo un tremendo costo personal para Sugihara. Las repercusiones no solo fueron inmediatas, sino que se dejaron sentir en los años siguientes. Su decisión de dar prioridad a las vidas humanas sobre el protocolo burocrático provocó su despido del

Ministerio de Asuntos Exteriores en 1947. Sugihara, el hombre que desafió las órdenes para salvar vidas, tuvo que enfrentarse a las consecuencias de sus actos.

A pesar de los sacrificios personales, el legado de Sugihara se mide en las vidas que salvó. Se calcula que los visados que expidió permitieron escapar a unos 6.000 refugiados judíos. Cada visado representaba una familia, una historia y un futuro que se habrían extinguido con el Holocausto.

El impacto del desafío de Sugihara se extendió más allá del momento inmediato. Los visados escritos a mano simbolizaban la resistencia y el poder de una persona para marcar la diferencia en medio de una adversidad abrumadora. Los sacrificios que hizo no fueron solo profesionales. Eran un testimonio del costo humano de hacer lo correcto en medio de la confusión mundial.

La decisión de Sugihara de expedir visados y su dedicación a escribir personalmente a mano cada uno de ellos transformó la narrativa de su carrera diplomática en un faro de esperanza. Los refugiados que escaparon a través del corredor creado por esos visados pudieron construir nuevas vidas, llevando consigo el espíritu indomable de un hombre que se atrevió a desafiar el *statu quo*.

El corredor que salva vidas

Los extraordinarios esfuerzos de Chiune Sugihara fueron más allá de la expedición de visados. Abarcaron la creación de un corredor que salvó vidas a través de la Unión Soviética, proporcionando una ruta de escape a los refugiados judíos. Este corredor se convirtió en un faro de esperanza, un estrecho camino a través del cual miles de personas pudieron viajar desde las garras del Holocausto hacia la posibilidad de la libertad.

Las acciones de Sugihara no se limitaron a desafiar las órdenes oficiales y escribir a mano los visados. Reconoció la urgencia de la situación y colaboró con Jan Zwartendijk, cónsul holandés en Kaunas. Zwartendijk ayudó proporcionando documentos de viaje a Curaçao, una colonia holandesa en el Caribe. Sugihara expidió visados de tránsito, que permitieron a los refugiados pasar a través de la Unión Soviética a Japón y más allá.

Esta colaboración creó efectivamente un corredor humanitario, un salvavidas para quienes trataban de escapar de los horrores del régimen nazi. El viaje a través de la Unión Soviética, plagado de desafíos, ofrecía una oportunidad de supervivencia a los perseguidos y desesperados.

Sin embargo, la creación del corredor salvavidas no estuvo exenta de obstáculos. Los refugiados se enfrentaron a un peligroso viaje a través de la vasta extensión de la Unión Soviética, navegando por sus diversos paisajes y superando retos logísticos. El clima político añadió más complejidades, ya que las autoridades soviéticas vigilaban a quienes atravesaban sus territorios.

Además, los esfuerzos de Sugihara encontraron una gran resistencia por parte de su gobierno. Cuando el consulado japonés cerró sus puertas en septiembre de 1940, Sugihara continuó su trabajo desde un hotel, sin cesar de expedir visados. Sin embargo, los visados no eran garantía de seguridad. Los refugiados tenían que atravesar una ruta precaria a través de la Unión Soviética, expuestos a las incertidumbres de unos territorios devastados por la guerra.

La dedicación de Sugihara a la causa trascendió los obstáculos burocráticos. Desafió las órdenes oficiales de expedir visados y siguió apoyando a los refugiados incluso después del cierre del consulado. Los refugiados afrontaron los retos de este peligroso viaje con entereza, aferrándose a la esperanza de un futuro mejor fuera del alcance de la persecución nazi.

El impacto del corredor salvavidas orquestado por Sugihara y Zwartendijk fue profundo y de gran alcance. Alrededor de 6.000 refugiados judíos, provistos de visados de tránsito, emprendieron un viaje que los alejó del peligro inminente en Europa.

Para los que lograron atravesar el corredor, el impacto cambió sus vidas. Las familias se preservaron y las personas pudieron reconstruir sus vidas en refugios más seguros. Los testimonios de quienes escaparon gracias a este esfuerzo humanitario hablan de salvación física y de la preservación de la esperanza y la dignidad humana.

Uno de los relatos es el de Solly Ganor, un judío lituano que, siendo adolescente, obtuvo un visado Sugihara. Ganor y su familia emprendieron el arduo viaje a través de la Unión Soviética y acabaron estableciéndose en Japón. Sus recuerdos posteriores ponen de relieve el efecto transformador del corredor en las vidas de quienes sobrevivieron al espectro de la aniquilación.

El impacto se propagó a través de generaciones, ya que los descendientes de los que escaparon por el corredor de Sugihara prosperaron en países lejos del alcance de la opresión nazi. Sus historias se convirtieron en un testimonio de la resistencia del espíritu humano y del imperecedero poder de la compasión en la adversidad.

Reconocimiento como «Justo entre las Naciones»

Las heroicas acciones de Chiune Sugihara no pasaron desapercibidas. Décadas después, Israel reconoció formalmente sus extraordinarias contribuciones nombrándolo «Justo entre las Naciones». Este prestigioso título lo concede el Estado de Israel a las personas que arriesgaron su vida para salvar a judíos durante el Holocausto.

El reconocimiento de Sugihara se debe a su desafío a las órdenes oficiales, la expedición de miles de visados que salvaron vidas y la creación de un corredor humanitario que permitió a los refugiados judíos escapar de los horrores del régimen nazi. El Memorial del Holocausto Yad Vashem de Israel reconoció oficialmente los actos desinteresados de Sugihara en 1985, honrándolo como un héroe que se opuso a la oscuridad imperante de la guerra.

Ser designado «Justo entre las Naciones» tiene un profundo significado para las personas reconocidas y para la memoria colectiva del Holocausto. Este título es una marca de honor y distinción, que significa el compromiso inquebrantable de una persona con los valores humanitarios, a menudo con gran riesgo personal.

Para Sugihara, el reconocimiento como «Justo entre las Naciones» afirmó póstumamente la rectitud de sus acciones. Elevó su legado más allá de los confines de la historia diplomática y lo situó entre un selecto grupo de personas reconocidas por su valor excepcional durante uno de los periodos más oscuros de la humanidad.

Este reconocimiento es un poderoso recordatorio de que el heroísmo puede surgir de lugares inesperados. Sugihara, diplomático japonés destinado en Lituania, se convirtió en el improbable salvador de miles de vidas judías, desafiando las nociones preconcebidas de quién podía marcar la diferencia durante el Holocausto.

El legado de Sugihara va mucho más allá del reconocimiento que se le ha otorgado. Sugihara simboliza el potencial de la humanidad para hacer el bien, incluso venciendo al mal. Su historia resuena como un faro de esperanza, ilustrando el impacto que un individuo puede tener en el curso de la historia cuando se guía por la compasión y la convicción moral.

El reconocimiento como «Justo entre las Naciones» consolida el lugar de Sugihara en la conciencia colectiva de quienes reflexionan sobre el Holocausto. Su legado es un testimonio perdurable del poder de la acción individual frente a la injusticia sistémica. La historia de Sugihara desafía a la gente a considerar sus opciones vitales y el profundo impacto que los actos de bondad y coraje moral pueden tener en el mundo.

Además, las aportaciones de Sugihara fomentan una comprensión más amplia del heroísmo. Recuerda que los héroes surgen de formas diversas y de lugares inesperados. Su legado pone en tela de juicio la idea de que el heroísmo es dominio exclusivo de los poderosos o de quienes ocupan posiciones tradicionales de autoridad. La historia de Sugihara lo invita a reconocer y celebrar el potencial para el bien que reside en cada individuo, haciendo hincapié en que los actos de bondad y valentía pueden cambiar el curso de la historia.

Conclusión

El heroísmo se construye sobre la base del sacrificio, la resistencia, la perseverancia y la visión. Los héroes de la Segunda Guerra Mundial eran un grupo heterogéneo de orígenes diversos, pero compartían el objetivo común de liberar al mundo de la tiranía demoníaca de un mal indescriptible. Aunque la maquinaria bélica alemana contaba con una ingeniería avanzada y una disciplina de élite, unas pocas grandes personas se levantaron y lucharon a pesar de las adversidades. Con unidad y compromiso con un objetivo virtuoso, no se sabe hasta dónde se puede llegar. El heroísmo de quienes dedicaron sus vidas a la libertad y la igualdad inspiró a muchos a unirse a la lucha, levantarse y defender la justicia.

La realidad de la posguerra fue que se crearon nuevas instituciones para garantizar que la humanidad no descendiera por el caótico camino de la destrucción. El hecho de ser conscientes de los estragos de los que son capaces los seres humanos motivó a la gente a hacer lo que fuera necesario para mantener la paz. A medida que la inestabilidad política lleva a la sociedad al borde del conflicto mundial, resulta ahora más crítico que nunca recordar a la gente los ideales de estos héroes para que la humanidad pueda retroceder del borde del abismo.

Muchos de estos héroes tenían defectos, pero para defender un objetivo ideológico más importante que uno mismo no es necesaria la perfección. Nada se conseguiría si todo el mundo esperara a ser perfecto para hacer algo. La valentía de marchar valientemente hacia lo desconocido sin tener ni idea del resultado, con nada más que agallas y fe en el corazón, puede transformar el mundo para mejor.

Las contribuciones de los héroes nombrados en este libro y de los héroes anónimos perdidos por el paso del tiempo dieron forma a un mundo más libre y con mayor respeto por la vida humana. Globalmente, queda mucho camino por recorrer antes de que la humanidad alcance la cima de una existencia moral. Pero la gente solo llegará allí con la guía de aquellos dispuestos a enfrentarse a la injusticia y a actuar para detenerla en seco, incluso con grandes pérdidas personales. La civilización debe mucho a los héroes de guerra en el frente y a los civiles que ayudaron a los más oprimidos, a sabiendas de que podía costarles la vida y la libertad.

Estos héroes son, sin duda, personas excepcionales, pero el mundo puede ser un lugar mucho mejor si encarnáramos siquiera una fracción de su compromiso desinteresado con una visión más elevada. A medida que la sociedad allana colectivamente el camino hacia un nuevo mundo en el que cada individuo contribuye a crear, echemos la vista atrás y preguntémonos cuáles son los valores más elevados que pueden impulsar a la humanidad hacia la estratosfera. Un lugar brillante para empezar a buscar estos valores es la turbia oscuridad de la Segunda Guerra Mundial, donde la adversidad y la atrocidad dieron a luz a algunas de las personas más notables que el mundo ha tenido el placer de albergar.

Mira otro libro de la serie

Referencias

Alchetron. (2017, 18 de agosto). Vasily Zaytsev ~ Life Story & Biography with Photos | Videos. Alchetron. https://alchetron.com/Vasily-Zaytsev

Ambrose, S. E. (1992). Band Of Brothers: The Island. World War II History Info. https://worldwar2history.info/band-of-brothers/company.html

Arbuckle, A. (2017, 28 de noviembre). The Navajo code talkers that helped the U.S. win WWII. Mashable. https://mashable.com/feature/navajo-code-talkers

Cementerio Nacional de Arlington. (2019). Audie Murphy. Cementerio Nacional de Arlington. https://www.arlingtoncemetery.mil/Explore/Notable-Graves/Medal-of-Honor-Recipients/World-War-II-MoH-recipients/Audie-Murphy

Audie Leon Murphy. (2017, 22 de febrero). Asociación del Ejército de los Estados Unidos. https://www.ausa.org/audie-leon-murphy

Condecoraciones militares de Audie Murphy. (s. f.). Página web conmemorativa de Audie L. Murphy. https://www.audiemurphy.com/decorations.htm

Monumento Australiano a la Guerra. (2011). Nancy Grace Augusta "The White Mouse" Wake. Australian War Memorial. https://www.awm.gov.au/collection/P332

Bamford, T. (2020, 26 de enero). Audie Murphy Single-handedly Stopped a German Attack. Museo Nacional de la Segunda Guerra Mundial de Nueva Orleans. https://www.nationalww2museum.org/war/articles/audie-murphy-single-handedly-stopped-german-attack

Resumen de Bastogne - Fundación Histórica de Fort Campbell. (2022, 16 de diciembre). Fundación Histórica de Fort Campbell. https://fortcampbell.com/bastogne-summary/

Historia de los negros. (s. f.). Aviadores de Tuskegee. Black History. https://www.blackhistory.mit.edu/story/tuskegee-airmen

Pasado Negro. (s. f.). Los aviadores de Tuskegee en BlackPast.org -. Black Past. https://www.blackpast.org/african-american-history/tuskegee-airmen-blackpast-org/#:~:text=The%20Tuskegee%20Airmen%20were%20the

Burkholder, A. (2018). Nancy Wake: The White Mouse - Heroine of World War II. Sociedad Histórica de Utah. https://history.utah.gov/wp-content/uploads/2022/07/Nancy-Wake-The-White-Mouse.pdf

Burton, K. (s. f.). The Scientific and Technological Advances of World War II. Museo Nacional de la Segunda Guerra Mundial. https://www.nationalww2museum.org/war/articles/scientific-and-technological-advances-world-war-ii

Collins, J. (2022, 17 de mayo). Greatest Marksmen: Vasily Zaitsev - Sonoran Desert Institute. Sonoran Desert Institute - School of Firearms Technology. https://www.sdi.edu/greatest-marksmen-vasily-zaitsev/

Cross, N. (2021, 17 de junio Research Guides: Navajo Code Talkers: A Guide to First-Person Narratives in the Veterans History Project: Introduction. Biblioteca del Congreso. https://guides.loc.gov/navajo-code-talkers

Curran, C. (2016). Nancy Wake by Chloe Curran – Her Place Women's Museum. Museo Her Place. https://herplacemuseum.com/encounters/nancywake/

Curry, P. (2018, 31 de octubre). Vasily Zaytsev - The Enemy at the Gates. History Hit. https://www.historyhit.com/vasily-zaytsev-the-enemy-at-the-gates/

Days of Remembrance- The Irena Sendler's Story. (2023, 4 de abril). DVIDS. https://www.dvidshub.net/video/878965/days-remembrance-irena-sendlers-story

REPORTAJE: Story of Japan's "Schindler" offers lessons for tackling contemporary xenophobia. (2017, 26 de enero). Noticias ONU. https://news.un.org/en/story/2017/01/550292-feature-story-japans-schindler-offers-lessons-tackling-contemporary-xenophobia

Fitzgerald, C. (2023, 30 de agosto). The Post-War Lives of Easy Company's Famed Paratroopers. War History Online. https://www.warhistoryonline.com/world-war-ii/easy-company-members.html

FitzSimons, P. (2011, 8 de agosto). The White Mouse Who Roared. The Sydney Morning Herald. https://www.smh.com.au/world/the-white-mouse-who-roared-20110808-1ij2o.html

Seguridad Global. (s. f.). Vasily Zaitsev. Global Security. https://www.globalsecurity.org/military/world/russia/zaitsev.htm

---

GOV.UK. (2018). History of Sir Winston Churchill. Www.gov.uk. https://www.gov.uk/government/history/past-prime-ministers/winston-churchill

Green, D. B. (2019, 29 de julio). Who Is Chiune Sugihara? The Japanese Hero Who Saved 6,000 Jews From the Holocaust. Haaretz. https://www.haaretz.com/world-news/2019-07-29/ty-article/.premium/chiune-sugihara-the-japanese-hero-who-saved-6-000-jews-from-the-holocaust/0000017f-f73b-d887-a7ff-ffff9e2b0000

Haley. (2013, 21 de mayo). Irena Sendler. The MY HERO Project. https://myhero.com/I_Sendler_dnhs_kt_US_2013_ul

Haskew, M. E. (2020). Operación Market Garden: The American Airborne's Audacious Role. Warfare History Network. https://warfarehistorynetwork.com/article/operation-market-garden-american-airborne-audacious-role/

Hayward, S. F. (2011, 17 de marzo). Chart of Achievements. International Churchill Society. https://winstonchurchill.org/resources/reference/chart-of-achievements/

Hemenway, M. (2023, 13 de septiembre). Band Of Brothers Ending Explained: The Aftermath Of Easy Company After WWII. ScreenRant. https://screenrant.com/band-of-brothers-ending-explained/

Hernon, M. (2021, 7 de junio). Spotlight: Chiune Sugihara - The Japanese Schindler. Tokyo Weekender. https://www.tokyoweekender.com/art_and_culture/japanese-culture/chiune-sugihara-japanese-schindler/

Historia, W. (2021, 28 de marzo). Vasilly Zaitsev - The Legendary Soviet Sniper From the Battle of Stalingrad. - Real History Online. Real History Online. https://www.realhistoryonline.com/operations-battles/vasilly-zaitsev-ww2-sniper/

Editores de History.com. (2009, 27 de octubre). D-Day. History. https://www.history.com/topics/world-war-ii/d-day

Editores de History.com. (2018, 21 de agosto). Raoul Wallenberg - Biography, Heroism & Disappearance. HISTORY. https://www.history.com/topics/holocaust/wallenberg-raoul

History.com. (2018, 21 de agosto). Battle of the Bulge. HISTORY. https://www.history.com/topics/world-war-ii/battle-of-the-bulge

How D-Day Was Fought From The Air. (2018). Imperial War Museums. https://www.iwm.org.uk/history/how-d-day-was-fought-from-the-air

Imperial War Museums. (2018). How Winston Churchill And The Conservative Party Lost The 1945 Election. Imperial War Museums. https://www.iwm.org.uk/history/how-winston-churchill-and-the-conservative-party-lost-the-1945-election

Museos Imperiales de Guerra. (s. f.). The Story Of Operation "Market Garden" In Photos. Imperial War Museums. https://www.iwm.org.uk/history/the-story-of-operation-market-garden-in-photos

Jackl, K. (s. f.). Irena Sendler. Google Arts & Culture. https://artsandculture.google.com/story/irena-sendler-the-museum-of-the-history-of-polish-jews-jewish-museum-warsaw/zgWx_XNxPh8dLQ?hl=en

Johnson, L. (2022, 28 de septiembre). 10 facts about SOE agent Nancy Wake. History Hit. https://www.historyhit.com/facts-about-soe-agent-nancy-wake/

Katie. (2021, 3 de febrero). Irena Sendler: The Angel of Warsaw. Girl Museum. https://www.girlmuseum.org/irena-sendler-the-angel-of-warsaw/

Koontz, C. (s. f.). Tuskegee Airmen. Air Force Historical Support Division. https://www.afhistory.af.mil/FAQs/Fact-Sheets/Article/458979/tuskegee-airmen/

Lukas, R. C. (2020, 15 de mayo). Irena Sendler: World War II's Polish Angel. Franciscan Media. https://www.franciscanmedia.org/st-anthony-messenger/irena-sendler-world-war-ii-s-polish-angel/

Macdonald, C. B. (s. f.). Operation MARKET-GARDEN. U.S. Army Center of Military History. https://history.army.mil/books/70-7_19.htm

Martin, P. (2020, 19 de julio). Critical Mass: Unassuming Audie Murphy, a true American hero. Arkansas Online. https://www.arkansasonline.com/news/2020/jul/19/unassuming-audie-murphy-a-true-american-hero/

Mendes, C. (2019, 9 de febrero). The Mythical German Sniper From the "Enemy at the Gates" Who Challenged Vasily Zaitsev. War History Online. https://www.warhistoryonline.com/world-war-ii/the-truth-about-erwin-konig-sent-to-stalingrad-to-take-on-the-very-effective-soviet-snipers.html

Ministerio de Asuntos Exteriores de Japón. (s. f.). MOFA: Story of a courageous diplomat of humanity, Mr. Chiune Sugihara. Ministry of Foreign Affairs of Japan. https://www.mofa.go.jp/region/middle_e/israel/sugihara.html

Mitchell, R. M. (1986). The 101st airborne division's defense of Bastogne.

National Archives and Records Administration. (2024). A People at War. Archives. https://www.archives.gov/exhibits/a_people_at_war/war_in_europe/101st_airborne_division.html

National Museum Of The United States Air Force. (2015, mayo). War of Secrets: Cryptology in WWII. National Museum of the US Air Force. https://www.nationalmuseum.af.mil/Visit/Museum-Exhibits/Fact-Sheets/Display/Article/196193/war-of-secrets-cryptology-in-wwii/

Neikirk, T. (2022, 17 de marzo). Vasily Zaytsev Allegedly Took Out One of Germany's Best Snipers. War History Online. https://www.warhistoryonline.com/war-articles/vasily-zaytsev.html

Oliver, A. E. (2017, 7 de diciembre). Audie Murphy: Soldier, Once and forever. The MY HERO Project. https://myhero.com/audie-murphy-soldier-once-and-forever

Operación Market Garden. (sin fecha). Liberation Route. https://www.liberationroute.com/themed-routes/19/operation-market-garden

Paris, J. (s. f.). 1942: Navajo Code Talkers. Www.intelligence.gov. https://www.intelligence.gov/people/barrier-breakers-in-history/453-navajo-code-talkers

Polonsky, A. (2008, 14 de mayo). Obituario: Irena Sendler. The Guardian. https://www.theguardian.com/world/2008/may/14/secondworldwar.poland

Potts, J. (2019, 9 de abril). World War Two: Street Snipers in the Battle of Stalingrad. History Is Now Magazine. https://www.historyisnowmagazine.com/blog/2019/4/3/world-war-two-street-snipers-in-the-battle-of-stalingrad

Rankin, J. (2020, 4 de enero). My Father, the Quiet Hero: How Japan's Schindler Saved 6,000 Jews. The Guardian. https://www.theguardian.com/world/2020/jan/04/chiune-sugihara-my-father-japanese-schindler-saved-6000-jews-lithuania

Raoul Wallenberg Institute. (2019). About Raoul Wallenberg - Raoul Wallenberg Institute. Raoul Wallenberg Institute. https://rwi.lu.se/about/about-raoul-wallenberg/

Raoul Wallenberg. (2014, 3 de diciembre). Suecia. https://sweden.se/life/people/raoul-wallenberg-world-war-ii-hero

Shircliff, J. (2014). Women of the 1913 Armory Show: their contributions to the development of American modern art. https://ir.library.louisville.edu/cgi/viewcontent.cgi?article=2321&context=etd

Silversmith, S. (2018, 11 de julio). Navajo Code Talkers created an unbreakable code. It helped win World War II. Arizona Central. https://www.azcentral.com/story/news/local/arizona/2018/07/11/navajo-code-talker-facts-unbreakable-code/460262002/

Smith, D. A. (2015, 3 de junio). Historian: Audie Murphy, Movie Star and WWII's Most Decorated Hero, Suffered from PTSD. Baylor University. https://news.web.baylor.edu/news/story/2015/historian-audie-murphy-movie-star-and-wwiis-most-decorated-hero-suffered-ptsd

Tapalaga, A. (2022, 20 de diciembre). Vasily Zaitsev: The Fear of The German Army. History of Yesterday. https://historyofyesterday.com/vasily-zaitsev-the-fear-of-the-german-army/

The 101st Airborne Division. (s. f.). Enciclopedia del Holocausto. https://encyclopedia.ushmm.org/content/en/article/the-101st-airborne-division

The National WWII Museum. (s. f.). The African American Pilots of WWII. https://www.nationalww2museum.org/sites/default/files/2017-07/tuskegee-airmen.pdf

El premio nobel de literatura 1953. (2019). Premio Nobel. https://www.nobelprize.org/prizes/literature/1953/churchill/biographical/

The Role the 82d & 101st Airborne Divisions Played During the Holocaust | ASOMF. (2021, 6 de marzo). Www.asomf.org. https://www.asomf.org/the-role-the-82d-101st-airborne-divisions-played-during-the-holocaust/

The Royal Mint. (s. f.). 10 facts about Winston Churchill | The Royal Mint. Royal Mint. https://www.royalmint.com/stories/collect/10-facts-about-winston-churchill/

This Soviet Sniper Was A Nazi-Killing Machine with 242 Confirmed Kills in 4 Months. (s. f.). Atchuup. https://www.atchuup.com/vasily-zaytsev-nazi-killing-machine/

United States Holocaust Memorial Museum. (2019). Chiune (Sempo) Sugihara. United States Holocaust Memorial Museum. https://encyclopedia.ushmm.org/content/en/article/chiune-sempo-sugihara

Universidad, T. (2019). Tuskegee Airmen Facts. Tuskegee University. https://www.tuskegee.edu/support-tu/tuskegee-airmen/tuskegee-airmen-facts

Vasili Zaitsev. (s. f.). Russiapedia. https://russiapedia.rt.com/prominent-russians/military/vasily-zaitsev/

Legado Wallenberg. (sin fecha). The Story of Raoul Wallenberg. Wallenberg Legacy. https://wallenberg.umich.edu/raoul-wallenberg/the-story-of-raoul-wallenberg/

Wenjie, W., & Wang, K. (s. f.). Nancy Wake (1912-2011). https://www.mindef.gov.sg/oms/safti/pointer/documents/pdf/Vol42No2_8%20Nancy%20Wake.pdf

Willsher, K. (2011, 8 de agosto). Farewell to Nancy Wake, the Mouse Who Run Rings Around the Nazis. The Guardian. https://theguardian.com/world/2011/aug/08/nancy-wake-white-mouse-gestapo